한국의 언어와 문화
기본편

정영교 · 장현묵 · 신은옥

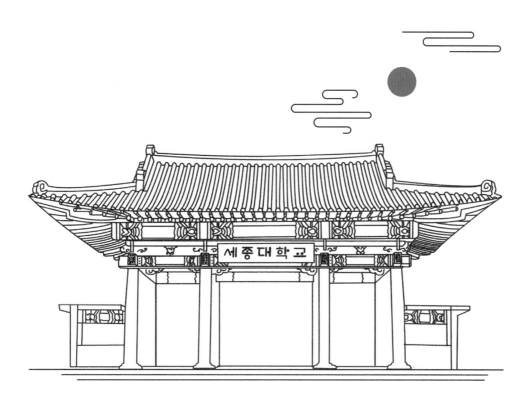

박영사

한국의 언어와 문화 기본편 발간사 ★━━━━━━━━

　　세종대학교의 외국인 학생을 위한 교양한국어 교재 <한국의 언어와 문화 기본편>을 발간하게 되어 무척 기쁩니다. 한글 창제의 근간이 된 세종대왕의 실용적이고 과학적인 정신을 이어받은 우리 대학은 글로벌 연구중심 대학으로서 세계 각국에서 유학하러 온 많은 인재들을 교육하고 있습니다.

　　최근 한국의 문화적 영향력이 전 세계적으로 확대되면서 한국어와 한국 문화에 대한 관심이 그 어느 때보다 높아진 지금, 우리 대학의 교양한국어 교육은 더욱 중요한 의미를 가지게 되었습니다. 특히 이번 교재는 급변하는 교육 환경과 학습자들의 요구를 반영하여 더욱 체계적으로 집필되었습니다.

　　본 교재는 우수한 교수진들의 풍부한 교육 경험과 연구 성과를 집대성한 결과물입니다. 특히 대학에서 학업을 수행하는 유학생들의 실질적인 필요를 고려하여 기초적인 의사소통 능력부터 학술적 한국어 능력까지를 아우르는 통합적인 교육 내용을 담았습니다. 한국어에 대한 체계적인 설명과 실전적인 연습 활동들은 학습자들의 한국어 습득을 효과적으로 도울 것입니다.

　　이 교재가 세종대학교에서 수학하는 모든 외국인 학생들의 한국어 실력 향상과 성공적인 학업 수행에 든든한 길잡이가 되기를 기대합니다. 아울러 우리 대학의 국제화와 학문적 발전에도 의미 있는 기여를 할 것이라 확신합니다.

대양휴머니티칼리지 학장

김 건

일러두기 ★————————————————————

        <한국의 언어와 문화 기본편>은 대학의 교양한국어 수업을 위한 교재입니다. 외국인 학생들이 대학에서 학업을 수행하며 접하게 될 상황을 바탕으로 필수적인 문법과 표현을 선별하여 교재를 구성하였습니다. <한국의 언어와 문화 기본편>은 읽기와 쓰기 능력 함양에 초점을 두었으며, 한 학기 주 3시간 15주 과정으로 총 두 학기에 적합한 분량입니다.

        교재의 구성은 도입, 학습, 마무리의 세 단계로 나누었습니다. 도입 단계에서는 각 과의 주제와 관련된 질문을 통해 학습자가 학습 내용을 예측하고, 텍스트 읽기를 통해 과별 주제와 목표 어휘와 문법을 파악할 수 있도록 하였습니다. 학습 단계에서는 목표 어휘와 문법을 학습하고 쓰기 활동을 통해 글쓰기 능력을 함양하도록 하였습니다. 마무리 단계인 재미있는 한국어 코너에서는 관용어, 유행어, 단어의 어원 등의 정보를 제시함을 통해 학습자의 흥미를 유발하고자 하였습니다. 추가적으로 어휘 노트를 제공하여 복습이나 과제로 활용할 수 있도록 하였습니다.

단원 구성

- 질문: 각 단원에서 공부할 내용을 소개하고 학습자의 관심을 유도합니다.
- 읽기: 텍스트를 읽고 질문에 답하며 읽은 내용을 확인합니다.
- 어휘: 단원의 주제와 관련된 어휘를 학습합니다.
- 표현: 각 문법 표현의 형태 규칙과 예문을 확인합니다.
  - 연습 문제를 통해 각 문법 표현의 규칙과 의미를 익힙니다.
- 쓰기: 학습한 어휘와 문법을 사용하여 글을 씁니다.
- 재미있는 한국말: 다양한 단어와 관련된 정보를 확인하고 토론합니다.
- 어휘 노트: 각 단원에 등장한 새로운 어휘를 복습합니다.

목차

한국의 언어와 문화 **기본편**

1장

버킷리스트

☆ 이번 학기에 무엇을 할 거예요?

☆ 방학에 무엇을 하고 싶어요?

읽기
Reading

작년에 교환학생 프로그램을 신청했다. 작년까지는 고향에서 공부했지만, 이번 학기부터 세종대학교에서 공부하게 되었다. 앞으로 1년 동안 세종대학교에서 열심히 공부할 것이다. 오늘은 강의 시간에 친구들과 함께 버킷리스트를 만들었다. 나의 이번 학기 계획은 세 가지이다.

한국 드라마를 좋아해서 고향에서 한국어를 배웠다.
드라마를 많이 봐서 한국어 듣기는 괜찮지만 아직 한국어 읽기가
어렵다. 그래서 이번 학기에 읽기 연습을 할 것이다.
그리고 방학에 TOPIK 2 시험을 볼 것이다.

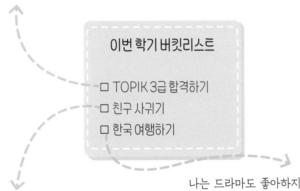

이번 학기 버킷리스트

□ TOPIK 3급 합격하기
□ 친구 사귀기
□ 한국 여행하기

고향에는 외국인이 많이 살지 않아서 외국 친구를 만나기 어려웠다. 한국의 대학교에는 한국인 학생도 많고 외국인 학생도 많다. 이번 학기에는 한국인 친구도 사귀고 다른 나라 친구들도 사귀고 싶다.

나는 드라마도 좋아하지만 여행도 좋아해서 고향에서 여행을 자주했다. 한국에서도 여행을 하고 싶다. 열심히 공부한 후에 방학에는 한국의 이곳저곳을 여행하고 싶다. 드라마 촬영지에도 가보고 싶다.

교환학생	이번	버킷리스트	계획	합격하다	아직
읽기	듣기	시험을 보다	사귀다	이곳저곳	촬영지

이해하기
Comprehension

 1 이 사람은 왜 한국에 왔어요?

_____

2 들은 내용과 같으면 ○, 다르면 X로 표시하세요.

1) 드라마를 자주 봐요.　　　　　　　　　　　　(　　　)

2) 작년에도 한국에서 공부했어요.　　　　　　　(　　　)

3) 드라마는 좋아하지만 여행은 싫어해요.　　　　(　　　)

4) 고향에서 외국 친구를 많이 사귀었어요.　　　(　　　)

3 이 사람은 방학에 무슨 공부를 하려고 해요?

1) 영어 읽기 공부

2) 한국어 듣기 공부

3) 한국어 읽기 공부

4) 중국어 듣기 공부

4 이 사람은 왜 방학에 여행을 하려고 해요?

_____

어휘
Vocabulary

1 아는 것에 표시해 보세요.

☐ 교환학생 ☐ 버킷리스트 ☐ 계획 ☐ 읽기 ☐ 듣기
☐ 이곳저곳 ☐ 합격하다 ☐ 사귀다 ☐ 시험을 보다

2 빈칸에 알맞은 말을 써 보세요.

1) 저는 ( )이라서 1년만 한국에서 공부합니다. 내년에는 다시 고향으로 돌아갑니다.

2) 다음 주에 ( ). 그래서 오늘부터 열심히 공부해야 합니다.

3) 자동차를 운전하려면 운전면허 시험에 ( )해야 합니다.

4) 주말에 부산에 갔습니다. 부산의 ( )을/를 구경했습니다.

5) 여행을 가기 전에 친구와 여행 ( )을/를 이야기했습니다.

3 다음 어휘로 문장을 만들어 보세요.

1) 계획 _____

2) 이곳저곳 _____

3) 합격하다 _____

4) 시험을 보다 _____

표현1
Expression 1

V-기

받침 O, X	기	먹기, 마시기

▶ 저는 읽기와 듣기는 잘하는데 말하기와 쓰기는 잘 못해요.

▶ 방학 계획: 여행하기, 제주도에서 사진을 찍기

▶ 오늘 할 일: 청소하기, 빨래하기, 쓰레기 버리기

▶ 기숙사 규칙: 방에서 담배를 피우지 않기

---

1 보기와 같이 문장을 바꾸세요.

  3시까지 도서관에 가야 해요.

    → 3시까지 도서관에 가기

1) 매일 헬스장에서 운동을 할 겁니다.

→ _____

2) 방학에 고향에서 한국어를 복습할 겁니다.

→ _____

3) 11시 전에 잠을 자야 합니다.

→ _____

4) 밥을 먹은 후에 설거지를 해야 합니다.

→ _____

5) 열심히 공부해서 장학금을 받을 겁니다.

→ _____

6) 오늘부터 술을 마시지 않을 겁니다.

→ _____

2 보기와 같이 문장을 완성하세요.

> 보기
> 일요일에 친구를 만나고 백화점에서 <u>쇼핑하기</u>

1) 슈퍼마켓에 가서 과일을 _____

2) 2시까지 이메일을 _____

3) 5시에 학교 정문 앞에서 진희 씨를 _____

4) 체첵 씨와 같이 일요일에 영화관에서 _____

5) 밥을 먹기 전에 손을 _____

3 친구의 이야기를 읽고, 'V-기'로 메모하세요.

저는 방학에 여행을 갈 거예요.
그래서 아르바이트를 할 거예요.
방학에 한국어 시험을 봐야 해요.
그래서 이번 달에 열심히 공부할 거예요.
한국어 듣기 연습도 열심히 할 거예요.

<방학 계획>

☐ 여행가기

☐ _____

☐ _____

☐ _____

☐ _____

표현2
Expression 2

V-게 되다

V	받침 O, X	게 되다	오게 되었습니다, 받게 되었습니다
			오게 되었어요, 받게 되었어요

▶ 케이팝이 좋아서 한국에 오게 되었어요.

▶ 한국 드라마를 본 후에 한국어를 공부하게 되었습니다.

▶ 이번 학기에 장학금을 받게 되었습니다.

▶ 전공 수업 스터디 때문에 진혁 선배를 알게 되었어요.

1 보기와 같이 문장을 완성하세요.

 한국 친구를 만나러 한국에 (오다) <u>오게 되었습니다.</u>

1) 처음에는 김치를 싫어했는데 지금은 잘 (먹다) _____

2) 다이어트 때문에 자전거를 (타다) _____

3) 김진아 씨는 한국 문화를 알리고 싶어서 이 책을 (쓰다) _____

4) 한국에서 경영학을 공부하고 싶어서 이 학교에 (지원하다) _____

5) 지난주부터 고양이를 (키우다) _____

6) 이번 학기부터 한국에서 혼자 (살다) _____

보기와 같이 문장을 완성하세요.

 저는 케이팝을 좋아합니다. 그래서 한국에 왔습니다.

→ 저는 케이팝을 좋아해서 한국에 오게 되었습니다.

1) 예전에는 커피를 좋아하지 않았습니다. 하지만 지금은 잘 마십니다.

→ _____

2) 작년에 경영학 스터디에 갔습니다. 그곳에서 친구를 만났습니다.

→ _____

3) 두 사람은 대학 축제에서 처음 만났습니다. 그날 이후 사귀었습니다.

→ _____

4) 한국에서 눈을 처음 봤습니다. 그날 이후부터 눈을 좋아합니다.

→ _____

5) 어제 모임에 참석했습니다. 그곳에서 마이클 씨 이야기를 들었습니다.

→ _____

 질문을 읽고, 'V-게 되다'를 사용해서 대답을 쓰세요.

왜 한국에 왔습니까?
전공이 무엇입니까? 왜 그것을 전공하게 되었습니까?
무엇을 좋아합니까? 왜 그것을 좋아하게 되었습니까?

_____

_____

_____

_____

표현3
Expression 3

V-ㄴ/는다, A-다, N(이)다

현재	V	받침 O	는다	먹는다
		받침 X, ㄹ	ㄴ다	마신다, 산다
	A	받침 O, X	다	많다, 예쁘다
	N	받침 O	이다, 이 아니다	학생이다, 학생이 아니다
		받침 X	다, 가 아니다	의사다, 의사가 아니다
과거	V, A	ㅏ, ㅗ O	았다	갔다, 많았다
		ㅏ, ㅗ X	었다	마셨다, 예뻤다
		하다 O	했다	공부했다, 깨끗했다
	N	받침 O	이었다	학생이었다
		받침 X	였다	의사였다
미래	V, A	받침 O	을 것이다	먹을 것이다, 많을 것이다
		받침 X	ㄹ 것이다	공부할 것이다, 예쁠 것이다
	N	받침 O, X	일 것이다, 이/가 아닐 것이다	학생일 것이다, 학생이 아닐 것이다

▶ 작년에는 고향에서 공부했다. 올해부터 한국에서 공부한다.

▶ 내 친구는 키도 크고 얼굴도 예쁘다.

▶ 내 방에는 컴퓨터는 있지만 에어컨은 없다.

▶ 나는 작년에 고등학생이었다. 지금은 대학생이다.

▶ 어제 빵을 먹었다. 내일은 친구와 피자를 먹을 것이다.

다음과 같이 쓰세요.

단어	과거	현재	미래
가다	*갔다*	*간다*	*갈 것이다*
읽다			
노래하다			
보내다			
크다			
높다			
피곤하다			
*춥다			
회사원			

2 보기와 같이 문장을 완성하세요.

좋아하다	입다	느리다	넓다	합격하다	제출하다	**오다**

보기   나는 중국 사람이다. 중국에서 (왔다).

1) 내 방은 좁지만 마이클 씨 방은 (   )

2) 어제 숙제를 끝낸 후에 숙제를 이메일로 (   )

3) 나는 사과를 좋아하지만 내 친구는 포도를 (   )

4) 오늘 회사 면접이 있어서 아침에 정장을 (   )

5) 비행기는 빠르지만 배는 (   )

6) 아르민 씨는 TOPIK 2 시험에서 떨어졌지만 왕치엔 씨는 (   )

3 친구의 이야기를 읽고, 'V-ㄴ/는다, A-다, N(이)다'로 바꿔 쓰세요.

저는 한국 드라마를 좋아합니다. 5년 전에 고향에서 처음 한국 드라마를 봤습니다. 한국 드라마 때문에 한국어를 공부하게 되었습니다.
저는 여행도 좋아합니다. 방학에는 한국 여행을 할 것입니다.
그래서 요즘 여행 사이트에서 여행 정보를 자주 봅니다.

_____

_____

_____

_____

_____

쓰기1
Writing 1

이번 학기에 무엇을 할 거예요? 방학에 무엇을 하고 싶어요?

이번 학기 버킷리스트를 만들어 보세요.

이번 학기 버킷리스트

□ 한국어 공부하기	□ 전공 수업 열심히 듣기
□	□
□	□
□	□
□	□
□	□
□	□

친구들에게 버킷리스트를 보여 주세요. 그리고 친구들의 버킷리스트를 읽어 보세요.

쓰기 2
Writing 2

방학에 무엇을 하고 싶어요? 무엇을 해야 해요? 방학 계획에 대해 쓰세요.

아래의 표현을 반드시 한 번 이상 사용해야 해요.

'V/A-(스)ㅂ니다', 'V/A-아/어요'를 <u>사용하지 마세요</u>.

1) V-기

2) V-게 되다

3) V-ㄴ/는다, A-다, N(이)다

_____

_____

_____

_____

_____

_____

_____

_____

글을 완성한 후에 친구들과 바꿔 읽어 보세요.

재미있는 한국말
Interesting Korean Words

미역국을 먹다

아미라 : 미정 씨, TOPIK 2 시험 잘 봤어요?

미　정 : 아니요. 잘 못 봤어요. <u>미역국 먹었어요</u>.

'미역국을 먹다'가 뭐예요?

'합격하다'의 반대말은 '불합격하다'입니다. 한국 사람들은 시험에서 불합격했을 때 '시험에서 떨어지다' 표현도 사용합니다. 합격했을 때에는 '시험에 붙다'라고 말합니다. '미역국을 먹다'는 '불합격하다', '시험에 떨어지다'와 같은 말입니다.

왜 '미역국을 먹다'가 '시험에 떨어지다'예요?

한국 사람들의 미신(superstition)입니다. 바나나 껍질을 밟으면 넘어지는 것처럼 미역 때문에 넘어지거나 떨어질 수 있습니다. 그래서 한국 사람들은 시험을 보기 전에 미역국을 먹으면 미역 때문에 시험에 붙지 못하고 떨어진다고 생각합니다.

<친구와 이야기해 보세요.>

❓ 시험을 보기 전에 무슨 음식을 먹지 않습니까?

❓ 여러분 고향에서는 시험을 보기 전에 어떤 행동을 합니까?

MEMO

2장

식사 예절

☆ 밥을 먹을 때 어떻게 먹어요?

☆ 밥을 먹을 때 무엇을 하면 안 돼요?

읽기
Reading

　　한국에 온 지 한 달이 되었다. 처음에는 한국의 예절을 몰라서 실수를 많이 했다. 밥을 먹을 때도 실수해서 한국의 식사 예절을 열심히 찾아 봤다.

　　한국 사람들은 식사할 때도 나이를 중요하게 생각한다. 윗사람이 먼저 숟가락을 든 후에 아랫사람이 밥을 먹을 수 있다. 어른과 함께 술을 마실 때는 고개를 옆으로 돌리고 마셔야 한다.

　　한국에서는 식사할 때 소리를 내면 안 된다. 밥을 먹을 때 입으로 '쩝쩝', '후루룩' 소리를 내면 안 된다. 숟가락이나 젓가락을 그릇에 부딪쳐 소리를 내도 안 된다. 옛날에는 말하는 것도 안 되었지만, 요즘 한국 사람들은 식사를 할 때 이야기를 한다.

　　그릇을 손에 들고 먹는 것은 한국의 예절에 맞지 않는다. 우리나라 사람들은 그릇을 들고 먹는 반면 한국 사람들은 그릇을 식탁에 놓고 먹는다. 그리고 숟가락과 젓가락을 동시에 사용하면 안 된다. 한 번에 하나만 사용해야 한다.

예절	실수하다	나이	윗사람	아랫사람	고개를 돌리다
부딪치다	그릇	들다	놓다	동시	사용하다

이해하기
Comprehension

 1 이 사람은 무슨 실수를 했어요?

_____

2 들은 내용과 같으면 ○, 다르면 X로 표시하세요.

1) 이 사람은 지난달에 한국에 왔어요.　　　　　　　　(　　　)

2) 한국에서는 아이가 먼저 밥을 먹어도 돼요.　　　　　(　　　)

3) 술을 마실 때 항상 고개를 돌려야 해요.　　　　　　　(　　　)

4) 한국에서는 밥을 먹을 때도 나이가 중요해요.　　　　(　　　)

3 한국에서 밥을 먹을 때 무엇을 해도 돼요?

1) 젓가락으로 소리를 내도 돼요.

2) 이야기를 하면서 먹어도 돼요.

3) '쩝쩝' 소리를 내면서 먹어도 돼요.

4) 숟가락과 젓가락을 한 번에 사용해도 돼요.

 4 한국에서는 그릇을 어떻게 사용해요? 여러분 나라에서는 어떻게 사용해요?

_____

어휘
Vocabulary

1 아는 것에 표시해 보세요.

☐ 나이	☐ 예절	☐ 그릇	☐ 동시	☐ 들다
☐ 부딪치다	☐ 사용하다	☐ 실수하다	☐ 고개를 돌리다	

2 빈칸에 알맞은 말을 써 보세요.

1) 아르바이트를 하는데 (   )서 손님에게 사과했습니다.

2) 한국에서는 식사할 때 젓가락과 숟가락을 (   )

3) 일본 사람은 그릇을 (   )고 먹지만 한국 사람은 식탁에 놓고 먹습니다.

4) 아이가 책상에 머리를 (   ) 병원에 갔습니다.

5) 회의를 할 때 두 사람이 (   )에 말하면 안 됩니다.

3 다음 어휘로 문장을 만들어 보세요.

1) 동시 _____

2) 부딪치다 _____

3) 사용하다 _____

4) 실수하다 _____

표현1
Expression 1

V-(으)ㄴ 지

받침 O	은 지	먹은 지
받침 X	ㄴ지	온 지

▶ 한국에 온 지 두 달이 되었습니다.

▶ 밥을 먹은 지 한 시간이 지났습니다.

▶ 이 책을 언제 읽은 지 기억나지 않는다.

▶ 고등학교를 졸업한 지 일 년이 되었다.

 보기와 같이 문장을 쓰세요.

보기 한국에서 (공부하다) <u>공부한 지</u> 일 년이 되었습니다.

1) 한국 회사에서 (일하다) _____ 벌써 삼 년입니다.

2) 그 친구를 (만나다) _____ 십 년이 지났습니다.

3) 대학 기숙사에서 (살다) _____ 두 달이 되었습니다.

4) 담배를 (끊다) _____ 세 달이다.

5) 기차를 (타다) _____ 한 시간인데 벌써 도착했다.

6) 대학교에 (입학하다) _____ 한 학기가 지났다.

2 보기와 같이 문장을 완성하세요.

보기 <u>커피를 마신 지</u> 두 시간이 지났습니다.

1) 공항에서 _____ 한 시간이 되었습니다.

2) 머리가 아파서 _____ 하루가 지났습니다.

3) 이 노트북을 _____ 일주일이 되었습니다.

4) 한국에서 _____ 두 달이 되었다.

5) _____ 일 년이 지났다.

6) _____ 되었다.

3 질문을 읽고, 대답을 쓰세요.

질문	대답
언제 한국에 왔습니까?	한국에 온 지 한 달이 되었습니다.
언제부터 한국어를 공부했습니까?	
언제부터 젓가락을 사용했습니까?	
지금 어디에서 삽니까? 언제부터 그곳에서 살았습니까?	
취미가 무엇입니까? 그 취미를 언제부터 했습니까?	

표현2
Expression 2

V/A-(으)ㄴ/는 반면(에)

V	받침 O, X	는 반면(에)	먹는 반면(에), 마시는 반면(에)
A	받침 O	은 반면(에)	많은 반면(에)
	받침 X	ㄴ 반면(에)	큰 반면(에)

▶ 아이샤 씨는 공부는 잘하는 반면 운동은 잘 못합니다.

▶ 지수 씨는 김치를 많이 먹는 반면에 불고기는 싫어합니다.

▶ 중국의 젓가락은 긴 반면 한국의 젓가락은 짧다.

▶ 백화점에 사람들이 많은 반면에 마트에는 사람들이 없다.

 보기와 같이 문장을 완성하세요.

 저는 한국어 읽기는 잘합니다. 하지만 쓰기는 잘 못합니다.
→ 저는 한국어 듣기는 잘하는 반면에 말하기는 잘 못합니다.

1) 한국은 여름에는 덥습니다. 하지만 겨울에는 춥습니다.

→ _____

2) 마이클 씨는 축구를 좋아합니다. 하지만 야구는 싫어합니다.

→ _____

3) 밥을 먹을 때 지호 씨는 젓가락을 사용합니다. 하지만 영진 씨는 숟가락을 사용합니다.

→ _____

4) 백화점의 옷은 예쁘다. 하지만 가격이 싸지 않다.

→ _____

5) 우리 집은 버스 정류장에서 가깝다. 하지만 지하철역에서 멀다.

→ _____

6) 김희진 교수님의 수업은 재미있다. 하지만 과제가 많다.

→ _____

2 보기와 같이 문장을 완성하세요.

가깝다	있다	맑다	많다	보다	저렴하다	편안하다

보기   우리 집은 학교에서 <u>가까운 반면</u> 방이 좁습니다.

1) 지금 서울은 날씨가 _____ 부산은 비가 오고 있습니다.

2) 우리 학과 전공 수업은 과제가 _____ 시험이 없습니다.

3) 학생회관에 편의점이 _____ 우체국은 없다.

4) 이 컴퓨터는 가격이 _____ 성능이 좋지 않다.

5) 나는 동영상은 자주 _____ 책은 가끔 읽는다.

3 'V/A-(으)ㄴ/는 반면(에)'를 사용해서 두 가지를 비교해 보세요.

질문	대답
고양이 VS 새	고양이는 날 수 없는 반면에 새는 날 수 있어요.
우리 집 VS 친구 집	
서울 VS 내 고향	
기숙사 VS 원룸	
신문 VS 텔레비전 뉴스	

표현 3
Expression 3

V/A-(으)ㄴ/는 것

V	받침 O, X	는 것	먹는 것, 마시는 것
A	받침 O	은 것	많은 것
	받침 X	ㄴ 것	예쁜 것

▶ 모르는 것이 있으면 지금 질문하세요.

▶ 저는 음악을 듣는 것을 좋아합니다.

▶ 나는 아이스 아메리카노만 마신다. 뜨거운 것은 싫어한다.

▶ 이번 달에는 돈이 없어서 비싼 것을 살 수 없다.

1 보기와 같이 문장을 완성하세요.

보기 집에서 학교까지 버스를 (타다) <u>타는 것</u>이 더 편해요.

1) 저는 옷을 살 때 (귀엽다) _____을 고릅니다.

2) 제 동생은 공포 영화를 (보다) _____을 싫어합니다.

3) 날씨가 추워서 (따뜻하다) _____을 먹고 싶다.

4) 지금 (읽다) _____은 한국 소설이에요.

5) 짜고 (맵다) _____을 많이 먹으면 건강에 좋지 않다.

6) 나는 (빨갛다) _____을 좋아하지만 내 친구는 (까맣다) _____을 좋아한다.

한국의 언어와 문화 **기본편**

보기와 같이 문장을 완성하세요.

그리다	갈아입다	깔끔하다	싸우다	잡다	피우다	키우다

보기   제 취미는 그림을 (그리는 것)입니다.

1) 기숙사에서 고양이나 개를 (   )을 할 수 없습니다.

2) 운동을 한 후에 옷을 (   )이 좋습니다.

3) 윗사람 앞에서 담배를 (   )을 할 수 없습니다.

4) 나는 벌레를 (   )을 못한다. 벌레가 무섭기 때문이다.

5) 나는 (   )을 좋아해서 매일 아침마다 방 청소를 한다.

6) 어제 강의실 앞에서 지영 씨와 크리스 씨가 (   )을 봤다.

 질문을 읽고, 대답을 쓰세요.

주말에 무엇을 하는 것을 좋아해요?
어떤 옷을 더 좋아해요?
어떤 영화를 자주 봐요?
기숙사에서 무엇을 할 수 없어요?

_____

_____

_____

_____

한국의 식사 예절과 고향의 식사 예절이 어떻게 달라요?

친구들과 이야기하고, 아래의 표에 메모해 보세요.

한국의 식사 예절 VS 우리 고향의 식사 예절

한국	고향 : [ ]
그릇을 식탁에 놓고 먹는다.	그릇을 손에 들고 먹는다.

☞ 한국 사람들은 그릇을 탁자에 놓고 먹는 반면에
우리 나라 사람들은 그릇을 손에 들고 먹는다.

☞

☞

☞

☞

쓰기 2
Writing 2

'한국과 고향의 식사 예절'을 설명하는 글을 쓰세요.

아래의 표현을 반드시 한 번 이상 사용해야 해요.

1) V-(으)ㄴ 지
2) V/A-(으)ㄴ/는 반면(에)
3) V/A-(으)ㄴ/는 것

_____

_____

_____

_____

_____

_____

_____

_____

글을 완성한 후에 친구들과 바꿔 읽어 보세요.

소 식 좌

알렉스: 어우. 배불러요. 더 이상은 못 먹겠어요.

진　숙: 네? 아메리카노 반 잔에 쿠키 한 개밖에 안 먹었는데 배불러요?

규　현: 알렉스 씨는 <u>소식좌</u>네요.

> **? '소식좌'가 뭐예요?**

'소식'은 '밥을 적게 먹다'이고, '좌'는 '사람', '분'과 비슷한 단어입니다. '소식좌'는 음식을 적게 먹는 사람을 가리킬 때 사용하는 인터넷 유행어입니다.

> **? '소식좌'의 반대말도 있어요?**

'밥을 많이 먹는 사람'을 '대식좌'라고 부르기도 합니다. 단어 '대식가'를 옛날부터 많이 사용했는데, 인터넷에서 '소식좌'와 '대식좌'가 유행하면서 요즘에서는 '대식좌'가 더 많이 사용됩니다.

<친구와 이야기해 보세요.>

? 여러분과 친구나 가족 중에서 '소식좌'가 있습니까?

? 여러분 고향에는 '밥을 많이 먹는 사람', '밥을 조금 먹는 사람'들을 어떤 이름으로 부릅니까?

MEMO

3장

물가

☆ 한국에서 물건을 살 때 무엇이 가장 비쌌어요?

☆ 한국에서 살면서 한 달에 돈이 얼마나 필요해요?

읽기
Reading

◀ ▶ C https://www.studyingabroad.com/korea/community/life/243515632 ☰

[유학생활] 다음 달에 한국에 가요! 질문이 있어요!

작성자: 파티마   06-15 15:35:20

안녕하세요. 다음 달에 한국에 있는 대학교에서 공부를 하게 되었어요.
그래서 지금 고향에서 준비를 하고 있어요.
유학생활에 필요한 물건은 모두 샀어요. 그런데 생활비가 걱정이에요.
한국에서 유학 생활을 하려면 돈이 많이 필요해요? 생활비가 많이 들어요?

댓글 5개

> J 제이미 님 (06-15 15:40:00)
>> 한국은 과일하고 채소 값이 매우 비싸요.
>
>> M 마리사 님 (06-15 23:04:23)
>>> 맞아요. 그리고 고기하고 우유도 비싸요.
>>> 가장 싼 우유가 삼천 원이어서 자주 사먹지 못해요. 싼 것은 많지 않아요.
>
> W 왕호 님 (06-15 17:36:13)
>> 누나가 지금 한국에서 공부하고 있어요. 슈퍼마켓에서 파는 식재료가 비싸서 집에서 요리를
>> 안 한다고 해요. 요리를 안 하는 대신에 매일 식당에서 밥을 먹는다고 했어요. 사 먹는 것이
>> 더 저렴한 모양이에요.
>
> B 벤자민 님 (06-15 17:37:40)
>> 한국은 생필품 가격이 비싼 대신에 대중교통이 싸요.
>
>> N 노아 님 (06-15 19:00:25)
>>> 서울에서는 환승할 때 요금을 두 번 안 내도 돼요.

필요하다	생활비	들다	매우	가장	식재료
사 먹다	생필품	대중교통	환승하다	요금	내다

이해하기
Comprehension

 1 이 사람들은 어디에 글을 썼어요?

_____

2 들은 내용과 같으면 ○, 다르면 X로 표시하세요.

1) 한국은 과일이 비싸요.   (   )

2) 파티마 씨는 지금 한국에 있어요.   (   )

3) 한국은 버스와 지하철 요금이 싸요.   (   )

4) 파티마 씨는 유학 준비를 안 했어요.   (   )

3 왕호 씨의 누나는 보통 어디에서 밥을 먹어요?

1) 집에서 먹어요.

2) 식당에서 먹어요.

3) 밥을 먹지 않아요.

4) 친구 집에서 먹어요.

4 한국은 무엇이 비싸고, 무엇이 싸요? 여러분 고향은 어때요?

_____

어휘
Vocabulary

1 아는 것에 표시해 보세요.

☐ 생활비	☐ 들다	☐ 가장	☐ 식재료	☐ 사먹다
☐ 생필품	☐ 대중교통	☐ 환승하다	☐ 요금	☐ 내다

2 빈칸에 알맞은 말을 써 보세요.

1) 학교에 갈 때 버스를 탄 다음에 지하철로 (   )

2) 저는 요리를 좋아해서 일주일에 세 번 슈퍼마켓에서 (   )를 사요.

3) 날씨가 더워서 에어컨을 오래 켰더니 전기 (   )이 많이 나왔어요.

4) 생활비가 많이 (   ) 걱정이에요.

5) 저는 자동차가 없어서 (   )을 타고 다녀요.

3 다음 어휘로 문장을 만들어 보세요.

1) 요금 _____

2) 들다 _____

3) 대중교통 _____

4) 환승하다 _____

표현1
Expression 1

V/A-(으)ㄴ/는, V/A-(으)ㄹ

현재	V	받침 O, X	는	먹는, 마시는
	A	받침 O	은	많은
		받침 X	ㄴ	예쁜
과거	V	받침 O	은	먹은
		받침 X	ㄴ	마신
미래	V	받침 O	을	먹을
		받침 X	ㄹ	마실

▶ 제가 듣는 노래는 한국 노래입니다.

▶ 신발 가게에서 예쁜 신발을 많이 팔고 있습니다.

▶ 점심에 먹은 피자가 맛있어서 저녁에도 먹었다.

▶ 수업이 시작하기 전에 마실 물을 샀다.

1 다음과 같이 쓰세요.

단어	과거	현재	미래
가다	간 사람	가는 사람	갈 사람
마시다	음료수	음료수	음료수
먹다	사람	사람	사람
읽다	책	책	책
*듣다	음악	음악	음악
*돕다	사람	사람	사람
받다	사람	사람	사람
좋다	친구		
많다	사람		
바쁘다	사람		
*덥다	날씨		

2 보기와 같이 문장을 완성하세요.

보기 지금 희진 씨가 (먹다 + 음식)은 햄버거입니다.
      → 지금 희진 씨가 먹는 음식은 햄버거입니다.

1) 내일 친구들과 (보다 + 드라마)는 <퀸더랜드>입니다.

→ _____

2) 저는 (무섭다 + 영화)를 좋아합니다.

→ _____

3) 마이클 씨가 두 달 전에 (빌리다 + 돈)을 아직도 갚지 않았습니다.

→ _____

4) 나는 키가 (크다 + 사람)보다 키가 (작다 + 사람)을 좋아한다.

→ _____

5) TOPIK 2 시험에 (합격하다 + 학생)은 성적표를 사무실에 제출해야 한다.

→ _____

6) 다음 주에 내가 (발표하다 + 내용)은 한국의 음식 문화이다.

→ _____

질문을 읽고, 대답을 쓰세요.

어떤 색깔을 좋아해요?
어떤 옷을 좋아해요?
어떤 사람을 좋아해요?
졸업한 후에 어떤 일을 하고 싶어요?

_____

_____

_____

_____

V/A-(으)ㄴ/는 대신(에)

V	받침 O, X	는 대신(에)	먹는 대신에, 가는 대신에
A	받침 O	은 대신(에)	많은 대신에
	받침 X	ㄴ 대신(에)	비싼 대신에

▶ 친구와 PC방에 가는 대신에 노래방에 갔습니다.

▶ 점심에 밥을 먹는 대신 빵을 먹었다.

▶ 이 식당의 음식은 가격이 비싼 대신에 정말 맛있다.

▶ 이곳은 카페가 많은 대신 식당이 별로 없습니다.

 보기와 같이 문장을 완성하세요.

> **보기**   식당에서 밥을 (먹다) <u>먹는 대신에</u> 집에서 요리를 했다.

1) 문자 메시지를 (보내다) _____ 이메일을 썼습니다.

2) 저녁에 시험 공부를 (하다) _____ 친구와 놀았습니다.

3) 친구가 (운전하다) _____ 제가 운전을 했습니다.

4) 감자를 (삶다) _____ 구웠다.

5) 생선이 (싱싱하다) _____ 가격이 비쌌다.

6) 여자 친구에게 목걸이를 (선물하다) _____ 반지를 선물했다.

2 보기와 같이 문장을 완성하세요.

읽다	보다	입다	비싸다	여행하다	가다

주말에 책을 (읽는 대신에) 청소를 했습니다.

1) 제주도를 (   ) 부산에 갔습니다.

2) 오늘 발표를 해야 해서 편한 옷을 (   ) 정장을 입었습니다.

3) 한국은 식재료가 (   ) 대중교통 요금이 쌉니다.

4) 방학에 고향에 (   ) 한국에서 공부를 할 것이다.

5) 기말고사 시험을 (   ) 과제를 제출해야 한다.

3 친구의 질문을 읽고 'V/A-(으)ㄴ/는 대신(에)'로 대답하세요.

생활비가 부족해요. 친구에게 돈을 빌릴까요?

경복궁에 가고 싶어요. 버스를 탈까요? 택시를 탈까요?

비가 오는데 우산이 없어요. 우산을 살까요? 비를 맞을까요?

아르바이트 때문에 시간이 없어서 공부를 할 수 없어요. 어떻게 해요?

_____

_____

_____

_____

V/A-(으)ㄴ/는 모양이다

현재	V	받침 O, X	는 모양이다	먹는 모양이다, 마시는 모양이다
	A	받침 O	은 모양이다	많은 모양이다
		받침 X	ㄴ 모양이다	예쁜 모양이다
과거	V	받침 O	은 모양이다	먹은 모양이다
		받침 X	ㄴ 모양이다	마신 모양이다
미래	V	받침 O	을 모양이다	먹을 모양이다
		받침 X	ㄹ 모양이다	마실 모양이다

▶ 지혜 씨는 밤에도 일하는 모양입니다.

▶ 백화점에 사람이 많은 모양이다.

▶ 내일 비가 올 모양입니다.

▶ 제니 씨는 어제 잠을 안 잔 모양입니다.

1 보기와 같이 문장을 완성하세요.

자다	먹다	있다	막히다	외출하다	공부하다	타다

보기 미현 씨가 전화를 받지 않습니다. 지금 잠을 (자는) 모양입니다.

1) 민철 씨는 오늘 공부를 하지 않고 내일 (   )

2) 친구의 얼굴을 보니까 좋은 일이 (   )

3) 기숙사 방에 체첵 씨가 없습니다. (   )

4) 냉장고에 케이크가 없다. 내 친구가 (   )

5) 거리에 자동차가 많습니다. 길이 많이 (   )

보기와 같이 문장을 완성하세요.

> 보기
>
> 백화점에 사람들이 많습니다.
>
> → 백화점에서 세일을 하는 모양입니다.

1) 영진 씨가 도서관에서 영어 교재를 많이 빌렸습니다.

→ 영어를 _____

2) 히엔 씨가 울고 있습니다.

→ 남자 친구와 _____

3) 우마르 씨가 오늘 공항에 갔습니다.

→ 고향 친구들이 _____

4) 메이린 씨가 전공책을 열심히 읽고 있다.

→ 내일 시험 _____

5) 제이크 씨가 오늘 멋진 옷을 입었다.

→ 오늘 저녁에 _____

3 질문을 읽고, 대답을 쓰세요.

> 1) 친구의 얼굴을 보세요. 친구가 어제 무엇을 했을까요?
> 2) 하늘을 보세요. 내일은 날씨가 어떨까요?
> 3) 영화관 홈페이지에서 영화 포스터를 보세요. 영화가 어떨까요?

_____

_____

_____

_____

_____

_____

쓰기 1
Writing 1

한국과 고향의 생필품 가격을 조사해 보세요.

한국은 무엇이 비싼 대신에 무엇이 싸요?

여러분 고향은 무엇이 비싼 대신에 무엇이 싸요?

품목	한국	고향 [ ]
우유		
사과		
바나나		
콜라		
아메리카노		
햄버거		
피자		
치킨		
버스		
지하철		
택시		

한국에서 가격이 비싼 물건은 (   )입니다.
(   )이/가 비싼 대신 (   )이/가 쌉니다.

한 달에 생활비가 얼마나 필요해요? 친구와 이야기해 보세요.

'나의 생활비와 친구의 생활비'를 비교하는 글을 써 보세요.

아래의 표현을 반드시 한 번 이상 사용해야 해요.

1) V/A-(으)ㄴ/는, V/A-(으)ㄹ

2) V/A-(으)ㄴ/는 대신(에)

3) V/A-(으)ㄴ/는 모양이다

_____

_____

_____

_____

_____

_____

_____

_____

글을 완성한 후에 친구들과 바꿔 읽어 보세요.

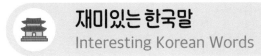
가성비

제시카: 노트북을 살 때에는 디자인이 가장 중요해요. 가격이 비싸도 예뻐야 해요.

노   아: 가격도 싸고, 성능도 좋은 노트북이 가장 좋아요. <u>가성비</u>가 제일 중요해요.

? '가성비'가 뭐예요?

가   성   비
격   능   율

'가성비'는 '가격 대 성능의 비율'을 줄인 말입니다. 물건을 고를 때 가격이 저렴하면서 성능도 좋은 제품을 찾을 때 많이 사용하는 단어입니다. 가성비를 중요하게 생각하는 사람들은 '비싸고 예쁘고 성능이 좋은 노트북', '적당히 싸고 성능도 적당히 좋은 노트북', '가격이 매우 저렴하지만 성능이 매우 안 좋은 노트북' 중에서 두 번째 노트북을 선택합니다.

? 어떤 물건을 살 때 가성비를 생각하나요?

보통 생필품, 전자제품, 학용품을 살 때 가성비를 중요하게 생각하는 사람들이 많습니다. 어떤 사람들은 살 집을 찾을 때, 식당에서 밥을 먹을 때에도 가성비를 생각하기도 합니다.

<친구와 이야기해 보세요.>

? 물건을 살 때 가격과 성능 중에서 무엇을 가장 중요하게 생각합니까?

? 여러분 고향에도 '가성비'와 같은 단어가 있습니까?

스터디 카페

☆ 스터디 카페에 가 봤어요?

☆ 스터디 카페에서 무엇을 할 수 있어요?

읽기
Reading

　　지난주에 과제를 하려고 동아리방에 갔는데 문이 잠겨 있었다. 동아리방 문에 "다음 달까지 공사를 합니다"라고 적혀 있는 메모가 있었다. 시험 기간이라서 강의실과 학교 도서관에도 사람이 많았다. 그래서 학교 근처 스터디 카페에 갈 수밖에 없었다.

　　스터디 카페에는 키오스크가 있었다. 키오스크로 이용 시간과 자리를 선택했다. 일반 카페에서는 직원이 커피를 만들어서 손님에게 주지만, 스터디 카페는 직원이 없어서 커피를 만들어 주지 않는다. 커피가 무료인 대신에 손님이 직접 커피 머신으로 커피를 내려야 한다.

　　스터디 카페에도 사람들이 많았다. 책을 보는 사람도 있고 노트북을 사용하는 사람도 있었다. 친구와 이야기하는 사람들도 있었다. 이야기하는 소리가 들려서 조금 짜증이 났다. 도서관은 조용한 반면에 스터디 카페에서는 커피를 만드는 소리, 음식을 먹는 소리, 컴퓨터를 사용하는 소리가 들려서 조금 불편했다.

동아리방	잠그다	공사하다	적다	시험 기간	키오스크
이용 시간	자리	커피 머신	내리다	짜증이 나다	불편하다

이해하기
Comprehension

 1 이 사람은 왜 동아리방에 가지 못했어요?

_____

2 들은 내용과 같으면 ○, 다르면 X로 표시하세요.

1) 스터디 카페에는 직원이 없어요.　　　　　　　　　　　（　　　　）

2) 스터디 카페에서 커피를 사야 해요.　　　　　　　　　（　　　　）

3) 스터디 카페에서 자리를 고를 수 있어요.　　　　　　（　　　　）

4) 스터디 카페에서 노트북을 사용하면 안 돼요.　　　　（　　　　）

3 스터디 카페에서 커피를 어떻게 마셔야 해요?

1) 키오스크로 주문해야 해요.

2) 편의점에서 커피를 사야 해요.

3) 직원에게 가서 주문해야 해요.

4) 내가 커피 머신으로 내려야 해요.

4 이 사람은 카페에서 왜 짜증이 났어요?

_____

어휘
Vocabulary

1 아는 것에 표시해 보세요.

☐ 잠그다 ☐ 공사하다 ☐ 적다 ☐ 키오스크 ☐ 이용 시간

☐ 자리 ☐ 내리다 ☐ 불편하다 ☐ 짜증이 나다

2 빈칸에 알맞은 말을 써 보세요.

1) 친구 때문에 (   ) 오늘 싸웠습니다.

2) 밤에 잠을 자기 전에 문과 창문을 (   )

3) 요즘 옆집에서 (   ) 있습니다. 새집을 짓고 있습니다.

4) 이 식당은 직원이 주문을 받지 않아서 (   ) 주문해야 합니다.

5) 저는 카페에서 커피를 사서 마시지 않습니다. 집에서 커피를 (   ) 마십니다.

3 다음 어휘로 문장을 만들어 보세요.

1) 자리 _____

2) 잠그다 _____

3) 불편하다 _____

4) 이용 시간 _____

표현1
Expression 1

피동

보다, 쓰다, 놓다, 섞다, 바꾸다, 잠그다	이	보이다, 쓰이다, 놓이다, 섞이다, 바뀌다, 잠기다
잡다, 박다, 밟다, 묻다, 적다	히	잡히다, 박히다, 밟히다, 묻히다, 적히다
물다, 풀다, 듣다, 누르다. 열다	리	물리다, 풀리다, 들리다, 눌리다, 열리다
안다, 끊다, 감다, 찢다, 뺏다	기	안기다, 끊기다, 감기다, 찢기다, 뺏기다

▶ 안경이 오래돼서 앞이 잘 안 보입니다. 그래서 안경을 바꿨습니다.

▶ 어젯밤에 도둑이 경찰에게 잡혔습니다.

▶ 신발 끈이 풀려서 다시 묶었습니다.

▶ 아기가 엄마에게 안겨서 자고 있습니다.

 1 보기와 같이 문장을 바꾸세요.

 경찰이 도둑을 잡았습니다.

→ 도둑이 잡혔습니다.

1) 벽에 못을 박았습니다.

→ _____

2) 강아지가 손을 물었습니다.

→ _____

3) 동생이 종이를 찢었습니다.

→ _____

4) 공사할 때 삽을 씁니다.

→ _____

5) 가게에서 음악을 들었습니다.

→ _____

2 보기와 같이 문장을 완성하세요.

감다	끊다	듣다	밟다	**보다**	섞다

보기   안개 때문에 앞이 잘 <u>보이지</u> 않습니다.

1) 지하철을 탔는데 발을 _____

2) 노트북을 쓰는데 와이파이가 계속 _____ AS센터에 갔습니다.

3) 책상 위에 서류가 _____ 오늘 정리를 했습니다.

4) 아침에 잠을 자고 있는데 알람 소리가 _____ 일어났습니다.

5) 너무 피곤해서 눈이 자꾸 _____

3 다음을 읽고, '이, 히, 리, 기'를 사용해 바꿔 쓰세요.

> 어제 새벽 3시에 명동에서 경찰이 도둑을 **잡았습니다**.
> 이 도둑은 문을 **잠그지 않은** 가게에 들어가 물건을 훔쳤다고 합니다.
> 물건을 훔칠 때 가짜 물건으로 **바꿔서** 가게 주인들도 몰랐다고 합니다.
> 도둑이 **뺏은** 물건은 약 200개입니다.

_____

_____

_____

_____

V-아/어 있다

ㅏ, ㅗ O	아 있다	가 있다
ㅏ, ㅗ X	어 있다	서 있다
하다 O	해 있다	입원해 있다

▶ 미정 씨는 강의실 의자에 앉아 있습니다.

▶ 책상 위에 검은색 지갑이 놓여 있습니다.

▶ 마이클 씨는 갑자기 배가 아파서 어제부터 병원에 입원해 있습니다.

▶ 건물 벽에 '담배를 피우지 마십시오'라고 적혀 있습니다.

 보기와 같이 문장을 완성하세요.

> **보기** 식당의 탁자에 김치와 음료수가 (놓다) <u>놓여 있습니다.</u>

1) 냉장고 문이 (열리다) _____

2) 모자가 바닥에 (떨어지다) _____

3) 스마트폰이 충전기에 (꽂히다) _____

4) 식당의 벽에 제가 좋아하는 그림이 (걸리다) _____

5) 집에 돌아왔는데 에어컨이 (켜지다) _____

6) 동생이 침대에 (눕다) _____

보기와 같이 문장을 완성하세요.

 칠판에 이름이 적혔습니다. 아직도 칠판에 이름이 있습니다.

→ 칠판에 이름이 적혀 있습니다.

1) 옷장에 옷이 걸렸습니다. 지금도 옷장에 옷이 있습니다.

→ _____

2) 기차역에서 기차가 멈췄습니다. 지금도 기차역에 기차가 있습니다.

→ _____

3) 노트북에 스티커를 붙였습니다. 지금도 노트북에 스티커가 있습니다.

→ _____

4) 가게의 문이 닫혔습니다. 지금도 문을 열지 않았습니다.

→ _____

5) 수업이 끝난 후 학생들이 강의실에 남았습니다. 아직도 강의실에 있습니다.

→ _____

 질문을 읽고, 'V-아/어 있다'를 사용해서 대답을 쓰세요.

 여러분 집의 벽에는 무엇이 있습니까?
강의실의 책상에 무엇이 있습니까?
대학교 캠퍼스에는 무엇이 있습니까?

_____

_____

_____

_____

표현3
Expression 3

V/A-(으)ㄹ 수밖에 없다

받침 O	을 수밖에 없다	먹을 수밖에 없다
받침 X	ㄹ 수밖에 없다	갈 수밖에 없다

▶ 길이 막혀서 지하철을 탈 수밖에 없습니다.

▶ 밥을 먹을 시간이 부족해서 샌드위치를 먹을 수밖에 없었어요.

▶ 우산은 없는데 비가 많이 와서 우산을 살 수밖에 없었다.

▶ 돈이 부족해서 친구에게 돈을 빌릴 수밖에 없었다.

 보기와 같이 문장을 완성하세요.

보기 버스와 지하철이 안 와서 택시를 (타다) <u>탈 수밖에 없습니다.</u>

1) 전기 요금이 비싸지만 날씨가 더워서 에어컨을 (켜다) _____

2) 운동도 안 하고 밥을 많이 먹으면 살이 (찌다) _____

3) 일이 너무 많아서 여행 계획을 (미루다) _____

4) 과제를 할 때 실수를 많이 해서 과제를 다시 (하다) _____

5) 돈이 부족해서 다음 달까지 돈을 (아끼다) _____

6) 컴퓨터가 고장나서 새 컴퓨터를 (사다) _____

2 보기와 같이 문장을 완성하세요.

보기 날씨가 너무 더운데 집의 에어컨이 고장났습니다.

→ 날씨가 더운데 에어컨이 고장나서 카페에 갈 수밖에 없습니다.

1) 상황: 부산에 가야 하는데 버스, 기차는 매진되고 비행기만 남아 있습니다.

→ _____

2) 상황: 비행기를 예약했지만 갑자기 출발 시간이 바뀌었습니다.

→ _____

3) 상황: 맛있는 음식을 먹고 싶지만 돈이 없습니다.

→ _____

4) 상황: 친구가 같이 아르바이트를 하자고 했지만 요즘 너무 바쁩니다.

→ _____

5) 상황: 과제도 많고 아르바이트도 해야 하지만 지금 너무 아픕니다.

→ _____

 3 친구의 고민을 읽고, 'V/A-(으)ㄹ 수밖에 없다'를 사용하여 대답하세요.

> 다음 주에 자격증 시험을 봐야 합니다. 제가 원하는 회사에 취직하려면 이 자격증이 있어야 합니다. 시험은 1년에 한 번 볼 수 있습니다. 그래서 저는 두 달 동안 열심히 시험 공부를 했습니다.
>
> 그런데 고향에서 어머니가 전화를 하셨습니다. 할머니께서 편찮으시다고 합니다. 삼 일 후에 돌아가실 거라고 어머니가 말했습니다. 고향에 돌아가면 시험을 볼 수 없습니다. 고향에 돌아가지 않으면 할머니를 더 이상 만날 수 없습니다. 저는 어떻게 해야 할까요?

_____

_____

_____

쓰기1
Writing 1

보기와 같이 사진을 설명하는 글을 써 보세요.

    이 사진은 요즘 짓는 한국의 전통 집이다. 이 집은 나무로 지은 집이다. 천장에는 전등이 **달려 있다**. 넓은 방에는 책상과 책장, 소파, 탁자가 **놓여 있다**. 책상 뒤의 책장에는 책이 **꽂혀 있다**. 소파에는 예쁜 방석이 **놓여 있다**. 책장 옆에 있는 문은 **닫혀 있다**. 책상 아래에는 쓰레기통이 **놓여 있다**. 탁자에는 찻잔이 놓여 있다. 이런 방에서 차를 마시면 기분이 **좋을 수밖에 없을 것이다**.

_____

_____

_____

_____

한국의 언어와 문화 **기본편**

여행을 가거나 어떤 장소를 구경한 적이 있어요?

어떤 곳을 구경했는지 글을 써 보세요.

아래의 표현을 반드시 한 번 이상 사용해야 해요.

'V/A-(ㄴ)는다'를 사용하세요.

1) 피동 이/히/리/기

2) V-아/어 있다

3) V/A-(으)ㄹ 수밖에 없다

_____

_____

_____

_____

_____

_____

_____

_____

글을 완성한 후에 친구들과 바꿔 읽어 보세요.

반찬은 셀프

마이클 : 어? 이 식당에서는 김치를 안 주나요?

정　민 : 아니요. 저 안내문을 보세요. <u>반찬은 셀프</u>예요.

? '반찬은 셀프'가 뭐예요?

'셀프'는 영어 단어 'self service'를 변형해서 만든 단어입니다. 한국 사람이 만든 영어 단어라서 '콩글리쉬(Korean + English = Konglish)'라고 부르기도 합니다. '반찬은 셀프'의 원래 뜻은 '반찬은 셀프 서비스니까 직접 반찬을 덜어 드세요'이지만 식당에서는 짧게 '반찬은 셀프'라고 씁니다. '물은 셀프'라는 안내문을 붙인 가게도 많습니다.

? '셀프' 외에도 다른 콩글리쉬가 있나요?

- 핸드폰(mobile phone): 손(hand, 핸드)에 들고 사용하는 전화(phone, 폰)
- 웹툰(Webcomic): 인터넷(web, 웹)으로 보는 만화 (cartoon, 툰)
- 오픈카(Convertible): 뚜껑이 열리는(open, 오픈) 자동차(car, 카)
- 네티즌(internet user): 인터넷(internet, 넷)을 사용하는 시민(citizen, 티즌)

<친구와 이야기해 보세요.>

? 여러분 고향 식당에는 어떤 '셀프'가 있나요?

? 여러분 고향에서는 어떤 외국어 단어를 자주 사용하나요?

MEMO

5장

학교 메일

☆ 교수님이나 학과 사무실에 이메일을 보낸 적이 있어요?

☆ 교수님께 이메일을 보낼 때 어떻게 써야 해요?

학과 사무실로부터 이메일을 받았습니다.

[경영학과] 김호진 교수님 상담 일정 안내

보낸 사람   경영학과 <buisiness@sejong.ac.kr>

받는 사람   엘레나 <elena125@sju.ac.kr>

　안녕하세요. 세종대학교 경영학과 사무실입니다. 다음 주부터 김호진 교수님께서 상담을 하실 예정입니다. 상담 기간은 6월 1일부터 6월 15일까지이고, 상담 시간은 10분입니다. 상담 장소는 김호진 교수님 연구실입니다. 아래에 있는 일정표를 확인한 후 상담이 가능한 시간을 답장으로 알려 주십시오. 오후 12시부터 1시까지는 점심 시간이므로 상담이 불가능합니다. 그리고 6월 6일은 공휴일이므로 상담을 신청할 수 없습니다.

　상담 시간이 정해지면 다시 이메일을 보내겠습니다.

시간	월	화	수	목	금
09:00~10:00		재무 관리의 기초			
10:00~11:00					
11:00~12:00					
12:00~13:00					
13:00~14:00	경영학의이해		경영학의 이해		
14:00~15:00					
15:00~16:00					서비스와 마케팅
16:00~17:00					
17:00~18:00					

세종대학교 경영학과 사무실 - 광208

E-mail : buisiness@sejong.ac.kr

김호준 교수님 상담 신청

보낸 사람   엘레나 <elena125@sju.ac.kr>

받는 사람   경영학과 <buisiness@sejong.ac.kr>

    안녕하세요. 경영학과 1학년 엘레나입니다. 김호진 교수님 상담 일정 때문에 이메일을 드립니다. 저는 6월 5일 수요일 오전에 시간이 있고, 6월 7일 오전 10시부터 오후 2시까지 시간이 됩니다. 상담 시간이 정해지면 약속 시간에 교수님의 연구실에 가도록 하겠습니다. 감사합니다.

엘레나 드림

상담	일정	예정	기간	일정표	가능하다
답장	불가능	공휴일	신청하다	정해지다	때문에
드리다	시간이 되다				

이해하기
Comprehension

 1 두 이메일을 쓴 사람은 누구입니까?

_____

2 들은 내용과 같으면 ○, 다르면 X로 표시하세요.

1) 상담은 1일부터 가능합니다.   (   )

2) 점심시간에는 상담을 받을 수 없습니다.   (   )

3) 상담은 경영학과 사무실에서 받아야 합니다.   (   )

4) 엘레나 씨는 김호진 교수님께 이메일을 보냈습니다.   (   )

3 경영학과 사무실에서 왜 엘레나 씨에게 이메일을 보냈어요?

1) 김호진 교수님 수업 시간을 안내하려고

2) 김호진 교수님 상담 일정을 안내하려고

3) 김호진 교수님 수업의 성적을 안내하려고

4) 김호진 교수님의 시험 일정을 안내하려고

4 엘레나 씨는 언제 상담을 받을 수 있어요?

_____

어휘
Vocabulary

1 아는 것에 표시해 보세요.

☐ 예정	☐ 기간	☐ 가능하다	☐ 불가능	☐ 답장
☐ 신청하다	☐ 정해지다	☐ 때문에	☐ 드리다	☐ 시간이 되다

2 빈칸에 알맞은 말을 써 보세요.

1) 금요일에는 수업이 많아서 회의 참석이 ( )합니다.

2) 요즘 공사 ( ) 시끄러워서 집에서 잠을 잘 수 없습니다.

3) 어제 교수님께서 이메일을 보내셨습니다. 그래서 오늘 ( )을 쓰려고 합니다.

4) 장학금 신청 ( ) 다음 주 월요일부터 금요일까지입니다.

5) 다음 달에 TOPIK 2 시험을 볼 ( )입니다.

3 다음 어휘로 문장을 만들어 보세요.

1) 기간

_____

2) 드리다

_____

3) 정해지다

_____

4) 시간이 되다

_____

표현1
Expression 1

N(으)로부터

받침 O	으로부터	선생님으로부터
받침 X	로부터	어머니로부터

▶ 이 편지는 일본에 사는 친구로부터 받은 것이다.

▶ 어제 고등학교 때 선생님으로부터 연락을 받았다.

▶ 이 소문이 누구로부터 시작된 것인지 전혀 모르겠습니다.

▶ 이 병은 소나 돼지로부터 전염되는 병입니다.

 보기와 같이 문장을 바꾸세요.

보기   (고향의 친구) 고향의 친구로부터 이 선물을 받았습니다.

1) 우마르 씨가 휴가 중일 때 (대한 자동차) _____ 편지가 왔습니다.

2) (조교님) _____ 들은 이야기입니다.
다음 주에 학과 행사가 있다고 합니다.

3) 실수를 할까 봐 무서워 할 필요가 없습니다.

(실수) _____ 교훈을 얻을 수 있기 때문입니다.

4) 지난주에 (동생) _____ 택배가 왔다.

5) 아이들은 (부모) _____ 사회 규칙과 예절을 배운다.

6) (모기) _____ 전염되는 병 때문에 많은 사람들이 고통을 받는다.

보기와 같이 문장을 완성하세요.

 편지를 보낸 사람: 고등학교 때 선생님

→ 고등학교 때 선생님으로부터 편지를 받았습니다.

1) 이메일을 보낸 사람: 학과 선배

→ _____

2) 장학금을 준 회사: 서울전자

→ _____

3) 글쓰기 특강 소식을 알려준 사람: 흐엉 씨

→ _____

4) 선물을 준 사람: 같은 반 친구

→ _____

5) 용돈을 주는 사람: 부모님

→ _____

 질문을 읽고 'N(으)로부터'를 사용해서 대답하세요.

가장 기억에 남는 선물은 누가 준 것입니까?
가장 기억에 남는 편지는 누구의 편지입니까?
가장 최근에 받은 이메일은 누가 보낸 이메일입니까?

_____

_____

_____

_____

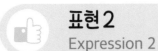

표현 2
Expression 2

V/A-(으)므로

받침 O	으므로	받으므로, 많으므로
받침 X	므로	시작되므로, 바쁘므로
N	이므로	공휴일이므로

▶ 내일은 주말이므로 도로가 막힐 것입니다.

▶ 이 학생은 성적이 우수하므로 장학금을 받을 수 있습니다.

▶ 다음 주부터 수강신청이 시작되므로 미리 시간표를 정해야 한다.

▶ 술을 마시고 운전을 했으므로 벌금을 내야 한다.

---

1 보기와 같이 문장을 완성하세요.

보기 담배는 건강에 안 <u>좋으므로</u> 피우면 안 됩니다.

기간	내리다	막히다	부족하다	제출하다	**좋다**	추워지다

1) 눈이 많이 _____ 운전할 때 조심해야 합니다.

2) 돈이 _____ 다음 달까지 돈을 아껴야 합니다.

3) 다음 주가 기말고사 _____ 열심히 공부해야 합니다.

4) 퇴근 시간에는 길이 _____ 지하철을 타야 한다.

5) 다음 주까지 과제를 _____ 오늘부터 과제를 준비해야 한다.

6) 11월부터 날씨가 _____ 감기에 걸리지 않게 조심해야 한다.

2 보기와 같이 문장을 완성하세요.

질문: 왜 벌금을 내야 합니까?

대답: <u>가게에서 물건을 훔쳤으므로 벌금을 내야 합니다.</u>

1) 질문: 왜 과제를 빨리 제출해야 합니까?

대답: _____

2) 질문: 왜 건물 안에서 담배를 피우면 안 됩니까?

대답: _____

3) 질문: 왜 수업을 들은 후에 복습을 해야 합니까?

대답: _____

4) 질문: 왜 길에 쓰레기를 버리면 안 됩니까?

대답: _____

5) 질문: 왜 영화관에서 전화를 하면 안 됩니까?

대답: _____

 3 질문을 읽고, 'V/A-(으)므로'를 사용해서 대답을 쓰세요.

다음 주까지 무엇을 해야 합니까? 왜 그것을 해야 합니까?
졸업하기 전까지 무엇을 해야 합니까? 왜 해야 합니까?

_____

_____

_____

_____

V/A-도록

받침 O, X	도록	먹도록, 가도록

▶ 오후 3시까지 회의실로 가도록 하겠습니다.

▶ 시험에 합격하도록 열심히 노력하겠습니다.

▶ 사람들이 지나갈 수 있도록 비켜 주세요.

▶ 내일은 시험이 있으니까 늦지 않도록 조심하세요.

 보기와 같이 문장을 완성하세요.

 오후에 교수님 연구실에 (가다) _가도록_ 하겠습니다.

내일 약속 시간에 (늦다 X) 늦지 _않도록_ 주의하세요.

1) 중요한 내용은 (잊다 X) _____ 메모를 해 보세요.

2) 이제부터 (지각하다 X) _____ 알람을 맞출 것입니다.

3) 건강을 (지키다) _____ 열심히 운동할 것입니다.

4) 친구들과 잘 (지내다) _____ 노력하세요.

5) 교수님께서 과제를 e-campus에 (제출하다) _____ 하셨다.

6) 길을 걸을 때 사람들과 (부딪치다 X) _____ 주의해야 한다.

보기와 같이 문장을 완성하세요.

 열심히 공부할 것입니다.

→ <u>장학금을 받을 수 있도록</u> 열심히 공부할 것입니다.

1) 열심히 운동을 해야 합니다.

→ _____

2) 학생들에게 안내를 해야 합니다.

→ _____

3) 빨리 출발하겠습니다.

→ _____

4) 발표 자료와 PPT를 준비했습니다.

→ _____

5) 꽃과 나무에 물을 줬습니다.

→ _____

 방학에 무엇을 할 것입니까? 'V/A-도록'을 사용하여 방학계획을 쓰세요.

전공 강의가 너무 어려웠습니다.
다음 학기에 좋은 성적을 **받을 수 있도록** 방학에 전공 공부를 할 것입니다.
살이 너무 많이 쪘습니다.
살이 **빠질 수 있도록** 열심히 운동을 해야 합니다.

_____

_____

_____

_____

쓰기1
Writing 1

다음을 읽고, 친구들에게 이메일을 써 보세요.

다음 주 수요일에 학과에서 행사를 합니다.

그래서 같은 학과 학생들에게 행사에 대해 안내하는 이메일을 써야 합니다.

<학과 행사 안내>

날짜: 다음 주 수요일

시간: 오후 6시~8시

장소: 광개토관 15층 소극장

* 우리 학과를 졸업한 선배님들도 행사에 옵니다.

* 행사가 끝난 후 저녁 식사를 합니다.

* 행사에 올 수 없는 사람은 이메일을 보내야 합니다.

학과 행사 안내

보낸 사람

받는 사람

쓰기 2
Writing 2

학과 사무실에서 이메일을 보냈어요. 이메일을 읽고, 답장을 쓰세요.

한국 문화의 이해 과제 피드백

보낸 사람 이소진 교수(sjlee@sejong.ac.kr)

받는 사람 한국문화의이해 수강생(korculture_student)

안녕하세요. 한국 문화의 이해 교수 이소진입니다.

지난주에 여러분이 제출한 과제 피드백 때문에 이메일을 보냈습니다.
피드백은 다음 주 월요일부터 금요일 2시~5시 사이에 받을 수 있습니다.
장소는 광개토관 507호입니다.
연구실에 올 수 있는 시간을 적어서 답장을 보내 주세요.

이소진 드림.

과제 피드백 신청

보낸 사람

받는 사람 이소진 교수님(sjlee@sejong.ac.kr)

재미있는 한국말
Interesting Korean Words

줄임말

희　진 : 제시카 씨, 기말고사 잘 봐요! 중꺾마! 화이팅!

제시카 : 중... 꺾.. 마요?

'중꺾마'가 뭐예요?

'중꺾마'는 '중요한 건 꺾이지 않는 마음(The important thing is the unbreakable spirit)'을 줄인 단어입니다. 이렇게 긴 문장이나 단어를 짧게 줄인 단어를 '줄임말'이라고 부릅니다. 옛날에는 나라 이름이나 단체 이름을 줄여서 말할 때 자주 사용했지만 최근에는 인터넷에서 다양한 줄임말이 사용되고 있습니다.

인터넷에서 어떤 줄임말을 사용해요?

해마다 새로운 줄임말이 등장합니다.
- 저메추: 저녁 메뉴 추천해 주세요.
- 맑눈광: 맑은 눈의 광인
- 내또출: 내일 또 출근
- 얼죽아: 얼어 죽어도 아이스 아메리카노

줄임말을 언제 사용하면 안 돼요?

친구들이나 선배/후배에게는 사용해도 괜찮지만, 교수님이나 대학 사무실 직원 선생님께 보내는 이메일/메시지나 과제에는 사용하면 안 됩니다. 쓰기 시험을 볼 때에도 사용하면 안 됩니다.

<친구와 이야기해 보세요.>

? 여러분이 알고 있는 한국어 줄임말은 무엇입니까?

? 여러분 고향에서는 어떤 줄임말을 사용합니까?

MEMO

여행지

☆ 여러분은 한국에서 어디에 가 봤습니까?

☆ 여러분 고향에서 유명한 여행지는 어디입니까?

나는 여행을 좋아한다. 고향에 있을 때는 여행을 많이 다녔지만 한국에서는 여행을 많이 하지 못했다. 이번 방학에 한국의 유명한 관광지를 여행하고 싶어서 인터넷을 찾아 봤다. 최근 한 조사에서 한국 사람들에게 가장 인기 있는 여행지로서 강원도가 뽑혔다고 한다. 그 다음은 제주도가 꼽혔다. 나는 강원도와 제주도에 가기 위해서 미리 여행 정보를 찾아보았다.

　강원도는 한국의 동쪽에 있으며 서울에서 기차나 버스로 갈 수 있다. 대표적인 여행지는 설악산이다. 설악산은 봄에는 꽃, 여름에는 계곡, 가을에는 단풍, 겨울에는 눈이 온 풍경으로 유명하다. 강원도의 대표적인 음식은 막국수와 감자떡이다. 이 음식들은 맛이 강하지 않고 건강에 좋아서 이 지역뿐만 아니라 다른 지역 사람들도 좋아하는 음식이라고 한다.

　한국 사람들이 두 번째로 꼽은 여행지는 제주도이다. 제주도는 한국에서 가장 큰 섬이다. 날씨가 따뜻하고 경치가 매우 아름다워서 신혼부부들이 많이 간다고 한다. 한국의 남쪽에 위치하고 있으며 서울에서 비행기로 한 시간쯤 걸린다. 제주도는 감귤과 돌하르방, 그리고 한라산으로 유명하다. 한라산은 한국에서 가장 높은 산으로서 올라가기가 힘들다고 한다. 그러나 둘레길이 잘 만들어져 있어서 숲길을 따라 걷다 보면 힘든 줄 모른다고 한다.

뽑히다	동쪽	남쪽	계곡	단풍	꼽히다
대표적	설악산	감자떡	막국수	신혼부부	위치하다
감귤	돌하르방	한라산	둘레길	지역	따라 걷다

이해하기
Comprehension

 1 무엇에 대해 이야기하고 있어요?

_____

2 읽은 내용과 같으면 ○, 다르면 X로 표시하세요.

1) 나는 한국에서 여행을 많이 다녔다.   (   )

2) 한라산은 둘레길이 있어서 힘들지 않다.   (   )

3) 나는 강원도와 제주도를 여행할 것이다.   (   )

4) 막국수와 감자떡은 강원도 사람만 좋아한다.   (   )

3 강원도에 대한 설명으로 맞지 않는 것을 고르세요.

1) 봄에 꽃을 구경할 수 있다.

2) 가을에는 단풍으로 유명하다.

3) 한국 사람들이 가장 가고 싶어 하는 곳이다.

4) 막국수는 맛이 좋아서 다른 지역 사람이 좋아한다.

4 신혼부부들은 왜 제주도에 많이 가요?

_____

어휘
Vocabulary

1 아는 것에 표시해 보세요.

☐ 뽑히다	☐ 대표적	☐ 따라 걷다	☐ 신혼부부
☐ 단풍	☐ 풍경	☐ 지역	☐ 위치하다

2 빈칸에 알맞은 말을 써 보세요.

1) 나즈라 씨가 동아리 회장으로 (   )

2) 한국의 (   ) 도시는 서울이다.

3) 큰 길을 (   ) 보면 오른쪽에 백화점이 나온다.

4) 그들은 이제 막 결혼한 (   )이다.

5) 우리 가족은 매년 가을에 설악산으로 (   ) 구경을 간다.

3 다음 어휘로 문장을 만들어 보세요.

1) 풍경 _____

2) 지역 _____

3) 대표적 _____

4) 위치하다 _____

표현1
Expression 1

V-기 위해서, N을/를 위해서

V	받침 O, X	기 위해서	먹기 위해서, 가기 위해서
N	받침 O	을 위해서	건강을 위해서
	받침 X	를 위해서	친구를 위해서

▶ 감기약을 먹기 위해서 밥을 먹어요.

▶ 스트레스를 풀기 위해서 여행을 다녀올 겁니다.

▶ 한국에 유학을 가기 위해서 한국어를 공부합니다.

▶ 건강을 위해서 꾸준히 운동합니다.

 보기와 같이 문장을 바꾸세요.

 한국말을 잘하다 + 한국 드라마를 보다

→ 한국말을 잘하기 위해서 한국 드라마를 봅니다.

1) 건강해지다 + 매일 운동을 하고 있다

→ _____

2) 여러 가지 경험을 하다 + 여행을 하다

→ _____

3) 도서관에서 좋은 자리를 잡다 + 일찍 왔다

→ _____

4) 성공하다 + 열심히 노력할 것이다

→ _____

5) 해외여행을 가다 + 비자를 발급받다

→ _____

6) 한국 친구와 사귀다 + 동아리에 가입하다

→ _____

2 보기와 같이 문장을 완성하세요.

보기 <u>좋은 대학에 가기 위해서</u> 열심히 공부하고 있어요.

1) _____ 조금씩 돈을 모으고 있어요.

2) _____ 아르바이트를 할 생각이에요.

3) _____ 한국어를 배우고 있어요.

4) 나는 _____ 매일 1시간씩 걷고 있어요.

5) 아버지는 _____ 열심히 일하십니다.

3 어떻게 하면 좋을까요? 대답을 써 보세요.

고민 내용	해결 방법
자주 감기에 걸려서 고민입니다.	감기에 걸리지 않기 위해서는 비타민 C를 먹고 물을 많이 마셔야 합니다.
성적이 떨어져서 걱정입니다.	
눈이 나빠져서 큰일입니다.	
한국어 쓰기 실력이 늘지 않습니다.	

표현 2
Expression 2

N(으)로서

받침 O	으로서	학생으로서
받침 X	로서	친구로서

▶ 선생님으로서 학생들을 잘 가르치려고 노력한다.

▶ 나는 학교 대표로서 그 모임에 참가했다.

▶ 설악산은 강원도의 대표적인 관광지로서 유명하다.

 보기와 같이 문장을 완성하세요.

 드라마 촬영지, 유명하다

→ 드라마 촬영지로서 유명합니다.

1) 팀 리더, 팀의 프로젝트를 성공적으로 이끌어야 한다

→ _____

2) 학생 대표, 학생들의 편의를 위해 노력할 것이다

→ _____

3) 의사, 환자를 살리기 위해 최선을 다한다

→ _____

4) 동아리 회장, 그 모임에 참석했다

→ _____

5) 배우, 좋은 연기를 보여 주는 것은 당연하다

→ _____

2 알맞은 것을 연결하고 문장으로 써 보세요.

1) 민지는 우리 조의 조장이다.   •   • 꼭 이루고 싶다.

2) 나즈라 씨는 학교 대표이다.   •   • 한국을 대표한다.

3) 제주도는 유명한 여행지이다.   •   • 그 대회에 참가했다.

4) 비빔밥은 한국의 전통 음식이다.   •   • 한국의 남쪽에 위치해 있다.

5) 토픽 3급 따기는 나의 첫 번째   •   • 이번 발표를 잘 이끌어 주었다.
   버킷리스트이다.

1) 민지는 우리 조의 조장으로서 이번 발표를 잘 이끌어 주었다.

2) _____

3) _____

4) _____

5) _____

3 자신의 책임과 역할에 대해 쓰세요.

보기   학생: 나는 학생으로서 수업에 적극적으로 참여하고 학교 규칙을 잘 지키겠다.

1) 선배: _____

2) 후배: _____

3) 조원: _____

4) 학교 대표: _____

표현3
Expression 3

V/A-(으)며, N이며

V, A	받침 O	으며	먹으며
	받침 X	며	하며
N	받침 O, X	이며	작가이며

▶ 이 스마트폰은 사용이 편리하며 다양한 기능이 있다.

▶ 한국은 동쪽으로는 높은 산이 있으며 서쪽으로는 바다가 있다.

▶ 수업 시간에는 강의를 들으며 발표도 한다.

▶ 그 사람은 작가이며 선생님이다.

  보기와 같이 문장을 연결해 보세요.

> **보기**   겨울에는 눈이 온다. 날씨가 춥다.
> → 겨울에는 눈이 오며 날씨가 춥다.

1) 한강 공원에서는 산책을 할 수 있다. 운동도 할 수 있다.

→ _____

2) 조별 발표는 1시에 시작한다. 발표 시간은 10분이다.

→ _____

3) 삼계탕은 건강에 좋다. 맛도 좋아서 사람들이 좋아한다.

→ _____

4) 우리 반 학생은 대부분 남학생이다. 컴퓨터공학을 전공한다.

→ _____

5) 봄에는 날씨가 좋다. 따뜻하다.

→ _____

2 보기와 같이 문장을 완성하세요.

명절에 하는 일

→ <u>가족들과 이야기를 나누며 재미있는 놀이를 한다.</u>

1) 여행지에서 하는 일

→ _____

2) 조별 과제에서 하는 일

→ _____

3) 일상생활에서 하는 일

→ _____

4) 쉬면서 하는 일

→ _____

5) 지난 주말에 한 일

→ _____

3 질문을 읽고, 'V/A-(으)며, N이며'를 사용해서 대답을 쓰세요.

여러분 고향의 날씨는 어떻습니까?
여러분 고향의 관광지에서는 무엇을 할 수 있습니까?

_____

_____

_____

_____

쓰기 1
Writing 1

여러분이 소개하고 싶은 여행지에 대해 쓰세요.

보기

우리 고향에는 전통과 현대를 모두 느낄 수 있는 곳이 있습니다. 바로 호이안입니다. 호이안은 <u>오래된 도시로서</u> 유명합니다. 이곳의 거리에는 좁은 골목과 전통 가옥, 오래된 상점들이 많습니다. 근처에 있는 바다는 맑고 <u>깨끗하며</u> 조용합니다. 호이안 시장에서는 전통 음식을 <u>먹을 수 있으며</u> 지역 특산물을 살 수 있습니다. 도시는 작지만 조용하고 아늑해서 고향 사람뿐만 아니라 외국인들도 <u>여행을 하기 위해서</u> 호이안에 옵니다.

_____

_____

_____

_____

_____

_____

_____

_____

여러분의 여행 경험을 쓰세요.

아래의 표현을 반드시 한 번 이상 사용해야 해요.

1) V-기 위해서, N을/를 위해서

2) N(으)로서

3) V/A-(으)며, N이며

_____

_____

_____

_____

_____

_____

_____

_____

_____

글을 완성한 후에 친구들과 바꿔 읽어 보세요.

무더위

수지: 하산 씨, 이 <u>무더위</u>에 어떻게 지내요?

하산: 네? 무더위가 뭐예요? 무서운 더위? 더위가 없어요?

? '무더위'란? '습도와 온도가 매우 높아 찌는 듯 견디기 어려운 더위'라는 뜻입니다. '물' + '더위'가 함께 어우러졌다는 뜻으로 생긴 단어입니다. 더위 때문에 땀이 나는데 물기 때문에 축축하기도 하다는 뜻을 담고 있습니다. 이처럼 '물'이 붙어서 '무'로 바뀌어 만들어진 단어가 있는데요. 물을 좋아하여 거의 물에서 살아가는 소의 한 종류인 '무소(코뿔소)', 옛날 궁중에서 물심부름을 맡았던 '무수리', 비 온 뒤에 하늘에 떠 있는 '무지개' 등이 있습니다. 한국에서는 무더운 여름, 무더위를 피할 수 있는 '무더위쉼터'를 운영하고 있습니다.

출처: 행정안전부

<친구와 이야기해 보세요.>

? 여러분 고향에도 여름에 아주 무덥습니까?

? 무더위를 피하기 위해서 어떻게 합니까?

MEMO

7장

수강 신청

한국 문화의 이해2
(수강여석: 30/30)

☆ 수강 신청을 어떻게 합니까?

☆ 수강 신청할 때 어떤 어려운 점이 있습니까?

읽기
Reading

새 메일	— ↗ ×

보내는 사람 김민수 교수님(minsoo@sejong.ac.kr)

제목 '한국 문화의 이해2' 수강 여석 관련 문의

안녕하세요. 교수님.

저는 국제학부에 재학 중인 25학번 리엔이라고 합니다.

다름이 아니라 이번 학기 '한국 문화의 이해2' 수강 여석을 늘려 주실 수 있는지 여쭤보려고 메일을 드렸습니다. 수강 신청을 일찍 하려고 했으나 급한 일이 생겨서 신청 기간을 놓치고 말았습니다.

저는 지난 학기에 '한국 문화의 이해1' 수업을 들었습니다. 열심히 수업을 들었고 성적도 잘 받았습니다. 그래서 이번 학기에는 '한국 문화의 이해 2'의 수업을 꼭 듣고 싶습니다.

저는 한국 문화에 정말 관심이 많습니다. 한국 문화를 이해하기 위해 여행도 많이 하고 한국어도 열심히 배우려고 합니다. 이번 학기에 수강 신청을 허락해 주신다면 수업에 적극적으로 참여하여 열심히 배우도록 하겠습니다.

교수님께서 제 사정을 이해해 주시고 수강 여석을 늘려 주신다면 정말 감사하겠습니다.

감사합니다.

리엔 올림

수강 여석	문의	재학	다름이 아니라	늘리다	꼭
놓치다	관심	노력하다	허락하다	적극적	참여하다
사정	이해하다	급하다	생기다		

이해하기
Comprehension

 1 리엔은 왜 이메일을 썼어요?

_____

2 읽은 내용과 같으면 ○, 다르면 X로 표시하세요.

1) 리엔은 한국 문화에 관심이 많다.　　　　　　　　　　（　　　　）

2) 리엔은 한국에서 여행을 많이 다녔다.　　　　　　　　（　　　　）

3) 리엔은 수강신청 기간에 일이 있었다.　　　　　　　　（　　　　）

4) 리엔은 '한국 문화의 이해 2'를 신청했다.　　　　　　（　　　　）

3 리엔이 앞으로 하려고 하는 일을 모두 고르세요.

1) 한국 여행하기

2) 한국어 배우기

3) 수강 여석 늘리기

4) 한국 문화의 이해 1 듣기

4 리엔은 왜 '한국문화의 이해 2' 수업을 들으려고 해요?

_____

어휘
Vocabulary

1 아는 것에 표시해 보세요.

☐ 문의   ☐ 재학   ☐ 늘리다   ☐ 다름이 아니라

☐ 놓치다   ☐ 노력하다   ☐ 급하다   ☐ 허락하다

☐ 적극적   ☐ 참여하다   ☐ 이해하다

2 알맞은 것을 골라 문장을 완성하세요.

다름이 아니라	재학	노력하다	허락하다	참여하다

1) 전화 드린 이유는 (   ), 급하게 드릴 말씀이 있어서입니다.

2) 저는 현재 한국대학교 경제학과 1학년에 (   ) 중입니다.

3) 장학금을 받기 위해서 열심히 (   )고 있습니다.

4) 부모님께서 한국 유학을 (   )해 주셨습니다.

5) 오후에 특강이 있습니다. 많이 (   ) 주시기 바랍니다.

3 다음 어휘로 문장을 만들어 보세요.

1) 문의 _____

2) 적극적 _____

3) 늘리다 _____

4) 놓치다 _____

5) 이해하다 _____

표현 1
Expression 1

V/A-(으)나

V, A	받침 O	으나	먹으나, 많으나
	받침 X	나	가나, 흐리나

▶ 그 친구는 술은 먹으나 담배는 피우지 않는다.

▶ 눈이 오나 춥지는 않다.

▶ 그 나라는 물건 값은 싸나 교통비가 비싸다.

 보기와 같이 문장을 바꾸세요.

 시험을 열심히 준비했다. 떨어졌다.

→ 시험을 열심히 준비했으나 떨어졌다.

1) 어제는 날씨가 흐렸다. 오늘은 차츰 맑아지겠다.

→ _____

2) 이 수업은 어렵지 않다. 과제가 많다.

→ _____

3) 그 강의를 듣고 싶었다. 자리가 없었다.

→ _____

4) 서울은 물가가 비싸다. 살기에 편하다.

→ _____

5) 이 가방은 디자인은 예쁘다. 가격이 너무 비싸다.

→ _____

6) 요즘 전자책은 많이 읽는다. 종이책은 거의 읽지 않는다.

→ _____

2 보기와 같이 문장을 완성하세요.

> **보기**   내 친구는 매운 음식을 잘 먹으나 <u>나는 잘 먹지 못한다.</u>

1) 도시는 공기가 나쁘나 _____

2) 시장은 물건 값이 싸나 _____

3) 한국은 복잡하나 _____

4) 오전 강의에는 학생이 많으나 _____

5) 고향에서는 한국어를 몰랐으나 _____

3 여러분 고향과 한국이 어떻게 다릅니까?

1)	서울과 여러분 고향
2)	고향 음식과 한국의 음식
3)	고향의 학교와 한국의 학교
4)	고향 사람들과 한국 사람들이 휴일에 주로 하는 일

1) 서울은 대중교통이 발달되어 있으나 우리 고향은 그렇지 않습니다.

2) _____

3) _____

4) _____

표현 2
Expression 2

V-고 말다

받침 O, X	고 말다	쏟고 말다, 놓치고 말다

▶ 옷에 커피를 쏟고 말았습니다.

▶ 뛰어가다가 넘어지고 말았습니다.

▶ 필기시험은 합격했는데 면접에서 떨어지고 말았습니다.

 1 보기와 같이 문장을 완성하세요.

보기 　내일 시험인데 너무 피곤해서 (자다) <u>자고 말았습니다.</u>

1) 열심히 공부했지만 시험에 (떨어지다) _____

2) 감기에 조심했는데 감기에 (걸리다) _____

3) 서둘러서 기차역에 갔으나 기차를 (놓치다) _____

4) 식사 예절을 몰라서 (실수하다) _____

5) 조금만 먹으려고 했는데 맛있어서 다 (먹다) _____

2 알맞은 것을 골라 문장을 완성하세요.

쏟다	그만두다	떨어지다	중간에 나오다	다치다	지각하다

보기   친구의 가방에 커피를 <u>쏟고 말았습니다.</u>

1) 토픽 3급 시험에 _____

2) 영화가 너무 재미없어서 _____

3) 비오는 날 넘어져서 다리를 _____

4) 수영을 시작했는데 힘들어서 일주일 만에 _____

5) 아침에 일찍 일어났으나 다시 잠이 들어서 _____

3 보기와 같이 'V-고 말다'를 사용해서 여러분의 경험을 쓰세요.

보기

지난 학기의 일이다. 과제를 열심히 준비해서 업로드를 하였다. 그런데 교수님께서 과제가 제출되지 않았다고 하셨다. 확인해 보니 제출 버튼을 누르지 않았다. 과제 제출 마지막 날 서두르다가 실수를 한 것이다. 결국 과제 점수를 놓치고 말았다.

과제 제출	건강관리	취미 활동	여행 경험

_____

_____

_____

표현3
Expression 3

V/A-ㄴ/는다면

V	받침 O	는다면	듣는다면
	받침 X	ㄴ다면	간다면
A	받침 O, X	다면	많다면, 예쁘다면

▷ 길이 막히지 않는다면 다섯 시간 정도 걸립니다.

▷ 나도 언니처럼 예쁘다면 참 좋을 텐데.

▷ 매일 운동을 한다면 건강이 좋아질 것이다.

 보기와 같이 문장을 바꾸세요.

> **보기** 한국으로 유학을 가다 → <u>한국으로 유학을 간다면</u>

1) 장학금을 받다 → _____

2) 세계 여행을 하다 → _____

3) 돈을 많이 벌다 → _____

4) 인터넷이 없다 → _____

5) 드라마 주인공이 되다 → _____

6) 어린 시절로 돌아가다 → _____

7) 미래를 볼 수 있다 → _____

2 보기와 같이 문장을 완성하세요.

보기   한국에 가다 + 제주도를 여행하고 싶다
  → 한국에 간다면 제주도를 여행하고 싶습니다.

1) 장학금을 받다 + 친구들에게 점심을 살 것이다

→ _____

2) 돈이 많다 + 세계 여행을 다닐 것이다

→ _____

3) 과거로 돌아갈 수 있다 + 어린 시절로 돌아가고 싶다

→ _____

4) 내일 갑자기 휴강하다 + 친구하고 영화를 보러 갈 것이다

→ _____

5) 다시 고등학생이 되다 + 공부를 열심히 할 것이다

→ _____

3   여러분은 다음과 같은 상황에서 무엇을 하겠습니까?

1)	복권 당첨금 100만 원이 있다.
2)	좋아하는 연예인을 만나다.
3)	10년 전으로 돌아가다.
4)	한 달 동안 여행을 가다.

1) _____

2) _____

3) _____

4) _____

쓰기 1
Writing 1

여러분은 수강 신청과 관련하여 어떤 어려움이 있었어요?

여러분의 수강 신청 경험을 쓰세요.

_____

_____

_____

_____

_____

_____

_____

_____

_____

_____

_____

제시된 이메일 제목 중 하나를 선택해서 교수님께 이메일을 쓰세요.
아래의 표현을 반드시 한 번 이상 사용해야 해요.

1) V/A-(으)나

2) V-고 말다

3) V/A-ㄴ/는다면

과제 관련 문의	수업내용 확인	지각 이유 설명	성적 관련 문의

_____

_____

_____

_____

_____

_____

_____

_____

글을 완성한 후에 친구들과 바꿔 읽어 보세요.

어이없다

민수: 은지 씨, 아까 말한 거 지금 해줄 수 있죠?

은지: 뭐라고요? <u>어이가 없네요.</u> 몇 분 전에 말한 걸 지금 해 달라고요?

> **? '어이없다'란?**

"너무 기가 막혀 뭐라고 말할 수 없다."라는 뜻입니다.
'어이없다'는 '어처구니없다'와 바꿔 쓸 수 있습니다.

> **? '어이'가 뭐예요?**

쌀이나 콩을 갈 때 사용하는 '맷돌'의 손잡이입니다.
맷돌을 사용하려는데 어이가 없다면 어처구니가 없겠지요?

> **? '어이가 없다'를 세 글자로 표현하면 뭘까요?**

'헛웃음'입니다.
헛웃음은 '어이가 없어서 피식 웃는 웃음'입니다.

<친구와 이야기해 보세요.>

? 여러분 나라에도 '어이없다'와 같은 의미로 사용하는 말이 있습니까?

? 여러분은 어이없는 상황에서 어떤 표정을 짓습니까?

MEMO

8장

건강

☆ 여러분은 몸이 안 좋을 때 무엇을 합니까?

☆ 여러분은 건강을 위해 평소에 무엇을 합니까?

읽기
Reading

　　나는 이번 학기에 장학금을 받고 싶었다. 그래서 학기 시작부터 정말 열심히 공부했다. 얼마 전 시험 기간에는 며칠씩 밤을 새워 가면서 공부했다. 시험이 끝난 날 긴장이 풀렸는지 쓰러지고 말았다. 병원에 가서 검사를 받아 본 결과 무리했으니까 충분히 쉬어야 한다고 했다. 하지만 나는 쉴래야 쉴 수가 없었다. 왜냐하면 바로 다음 주에 토픽 시험을 봐야 했기 때문이다. 그래서 의사 선생님 말씀도 듣지 않고 계속 공부를 했다. 그러다가 결국 몸살이 나서 일주일 동안 아무것도 하지 못했다.

　　푹 쉬고 난 뒤 건강은 회복되었으나 토픽 시험은 보지 못했다. 나는 이번 기회에 건강에 대해 많은 생각을 하게 됐다. 건강하지 않으면 공부도 할 수 없다. 그래서 공부를 잘하기 위해서 건강한 생활을 해야겠다고 결심했다. 먼저 밤을 새우지 않을 것이다. 공부는 평소에 열심히 할 것이다. 그리고 운동을 할 것이다. 그동안 시간이 없다는 핑계로 운동을 하지 않았다. 운동을 하지 않은 결과 계단 몇 개를 올라 가는 것도 힘들었다. 걷기는 시간이 많이 들지 않는 운동이다. 틈만 나면 걸을 것이다. 그리고 좋아하는 음식만 먹다보니 건강도 나빠졌다. 음식도 골고루 먹으려고 노력할 것이다.

밤을 새우다	긴장이 풀리다	쓰러지다	무리하다	충분히	결국
몸살이 나다	아무것	회복되다	기회	틈	결심하다
평소	핑계	푹	골고루	시간이 들다	

1 이 사람은 왜 쓰러졌어요?

_____

2 읽은 내용과 같으면 ○, 다르면 X로 표시하세요.

1) 나는 그동안 좋아하는 음식만 먹었다. ( )

2) 나는 열심히 공부해서 장학금을 받았다. ( )

3) 나는 운동을 싫어해서 운동을 하지 않았다. ( )

4) 나는 시간이 없어서 토픽 시험을 보지 못했다. ( )

3 건강한 생활을 위해서 무엇을 하려고 해요? 세 가지를 쓰세요.

1) _____

2) _____

3) _____

4 이 사람은 걷기 운동을 언제 할 거예요?

_____

어휘
Vocabulary

1 아는 것에 표시해 보세요.

☐ 기회	☐ 평소	☐ 시간이 들다	☐ 긴장이 풀리다	☐ 무리하다
☐ 쓰러지다	☐ 회복되다	☐ 결심하다	☐ 노력하다	☐ 핑계

2 알맞은 것을 연결해 보세요.

1) 회복되다   •   • 이틀 동안 밤을 새웠다.

2) 결심하다   •   • 강한 바람에 나무가 넘어졌다.

3) 무리하다   •   • 푹 쉰 후에 몸이 좋아졌다.

4) 쓰러지다   •   • 이번 학기에 토픽 3급을 따겠다.

5) 노력하다   •   • 보고서를 작성하는 데 2시간 걸렸다.

6) 시간이 들다 •   • 쓰기 실력을 높이기 위해서 매일 연습한다.

3 다음 어휘로 문장을 만들어 보세요.

1) 기회   _____

2) 평소   _____

3) 푹   _____

4) 긴장이 풀리다 _____

표현1
Expression 1

V-(으)ㄴ 결과

받침 O	은 결과	읽은 결과
받침 X	ㄴ 결과	간 결과

▸ 약을 꾸준히 먹은 결과 감기가 다 나았다.

▸ 열심히 공부한 결과 원하는 대학에 입학할 수 있었다.

▸ 성실하게 일한 결과 돈을 많이 벌었다.

 보기와 같이 문장을 바꾸세요.

 열심히 노력하다 + 좋은 성적으로 졸업했다.

→ 열심히 노력한 결과 좋은 성적으로 졸업했다.

1) 매일 과일과 야채를 먹다 + 피부가 좋아졌다

→ _____

2) 전공 책을 많이 읽다 + 학업 성적이 향상되었다

→ _____

3) 도서관에 일찍 오다 + 좋은 자리를 잡을 수 있었다

→ _____

4) 여러 번 도전하다 + 마침내 성공했다

→ _____

5) 매일 1시간씩 걷다 + 몸무게가 줄었다

→ _____

보기와 같이 문장을 완성하세요.

보기   평소에 열심히 공부하다

      → 평소에 열심히 공부한 결과 시험에서 높은 점수를 받았다.

1) 운동을 전혀 하지 않다

→ _____

2) 규칙적으로 물을 마시다

→ _____

3) 끊임없이 연구하다

→ _____

4) 며칠 동안 잠을 못 자다

→ _____

5) 시험을 못 보다

→ _____

질문을 읽고, 'V-(으)ㄴ 결과'를 사용해서 대답을 쓰세요.

무엇을 열심히 했습니까?
결과가 어떻게 되었습니까?

_____

_____

_____

표현 2
Expression 2

V-아/어 오다/가다

ㅏ, ㅗ O	아 오다/가다	만나 오다
ㅏ, ㅗ X	어 오다/가다	써 오다
하다	해 오다/가다	공부해 오다

▶ 나는 어렸을 때부터 피아노를 쳐 왔습니다.

▶ 10년 전부터 봉사 활동을 해 오고 있습니다.

▶ 저는 지금까지 한국어를 열심히 공부해 왔습니다.

▶ 그 친구와는 오랫동안 만나 온 사이입니다.

 보기와 같이 문장을 완성하세요.

 지난주부터 과제 준비를 했습니다.

→ 지난주부터 과제 준비를 해 왔습니다.

1) 컴퓨터는 앞으로도 계속 발전할 겁니다.

→ _____

2) 3년 동안 한국어를 배웠습니다.

→ _____

3) 한국에 온 뒤부터 계속 아르바이트를 했습니다.

→ _____

4) 과제 준비를 거의 다 했다.

→ _____

5) 5년 동안 외국에서 살았습니다.

→ _____

2 보기와 같이 문장을 완성하세요.

보기   어릴 때부터 의사가 되기 위해 <u>열심히 공부해 왔습니다.</u>

1) 한국에 오기 위해 1년 전부터 _____

2) 한국어가 어렵지만 _____

3) 이 노래는 어릴 때부터 계속 _____

4) 아침마다 30분씩 꾸준히 _____

5) 과제 제출 기한이 다 _____

6) 어머니가 만들어 주신 음식을 다 _____

3 여러분은 무엇을 꾸준히 해서 이룬 것이 있습니까? 'V-아/어 오다/가다'를 사용해서 쓰세요.

_____

_____

_____

_____

_____

표현3
Expression 3

V-(으)ㄹ래야 V-(으)ㄹ 수가 없다

받침 O	을래야	먹을래야 먹을 수가 없다
받침 X	래야	쉴래야 쉴 수가 없다

▶ 요즘 취업을 할래야 취업할 수가 없다.

▶ 이 음식은 너무 매워서 먹을래야 먹을 수가 없다.

▶ 커피에 중독 돼서 끊을래야 끊을 수가 없다.

 1 보기와 같이 문장을 완성하세요.

 이 책은 너무 어려워서 (읽다) 읽을래야 읽을 수가 없다.

1) 돈이 부족해서 새 스마트폰을 (사다) _____

2) 시간이 없어서 친구를 (만나다) _____

3) 게임에 중독이 되어서 게임을 (끊다) _____

4) 그 옷은 너무 작아서 (입다) _____

5) 그 친구 말은 너무 빨라서 (알아듣다) _____

6) 시끄러워서 공부에 (집중하다) _____

보기와 같이 문장을 완성하세요.

내일 시험이어서 <u>놀래야 놀 수가 없다.</u>

1) 수강 여석이 없어서 _____

2) 돈이 부족해서 _____

3) 몸살이 나서 _____

4) 자리가 너무 좁아서 _____

5) 마지막 지하철을 놓쳐서 _____

3 **여러분은 중독이 된 것이 있습니까? <보기>와 같이 쓰세요.**

보기

저는 커피에 중독이 되어서 끊을래야 끊을 수가 없습니다. 하루에 5잔을 마십니다.
커피를 마시지 않으면 집중이 안 되어서 공부를 할래야 할 수가 없습니다.

_____

_____

_____

_____

_____

쓰기1
Writing 1

여러분은 건강을 유지하기 위해서 가지고 있는 습관이 있어요?

보기

저는 건강을 위해서 매일 아침에 일어나자마자 물을 한 컵 마십니다. 일 년 전부터 이 습관을
유지해 왔습니다. 매일 물을 마신 결과 예전보다 피부가 좋아졌습니다. 계속 이 습관을
유지해 갈 것입니다.

_____

_____

_____

_____

_____

_____

_____

_____

_____

여러분의 건강과 관련된 경험을 써 보세요.

아래의 표현을 반드시 한 번 이상 사용해야 해요.

1) V-(으)ㄴ 결과

2) V-아/어 오다/가다

3) V-(으)ㄹ래야 V-(으)ㄹ 수가 없다

_____

_____

_____

_____

_____

_____

_____

_____

글을 완성한 후에 친구들과 바꿔 읽어 보세요.

뜬금없다

마리아: 점심 뭐 먹을까?

앤　디: 치킨 어때?

마리아: 좋아. 근데 우리가 언제부터 만났지?

앤　디: 갑자기 그건 왜?

마리아: 응, 뜬금없이 생각나서.

앤　디: 정말 뜬금없네. 치킨 이야기하다가 우리가 언제부터 만났냐니??

? '뜬금없다'란?

"갑작스럽고 엉뚱하다."라는 뜻입니다. '뜬금'은 '떠 있는 돈'을 말합니다. 위치가 정해지지 않은 상태에서 위 아래로 돈이 떠 있는 것처럼, 물건의 가격은 항상 달라집니다. 이때 물건을 파는 사람이 갑자기 비싼 가격으로 물건을 팔려고 할 때 손님들이 '뜬금없다'라고 이야기했다고 합니다.

? '생뚱맞다'란?

'뜬금없다'와 같은 상황에서 쓸 수 있는 말은 '생뚱맞다'입니다. '생'은 '생소하다'의 '생'과 '엉뚱하다'의 '뚱'이 결합해서 만들어졌습니다. 하는 행동이나 말이 상황에 맞지 않고 매우 엉뚱하다는 뜻입니다. '생뚱맞다'가 맞는 표현이지만, 많은 사람들이 '쌩뚱맞다'라고 쓰거나 발음하기도 합니다.

<친구와 이야기해 보세요.>

? 여러분은 '뜬금없는' 상황을 겪어 봤습니까?

? '뜬금없는' 상황에서 어떤 반응을 보입니까?

MEMO

9장

분실물

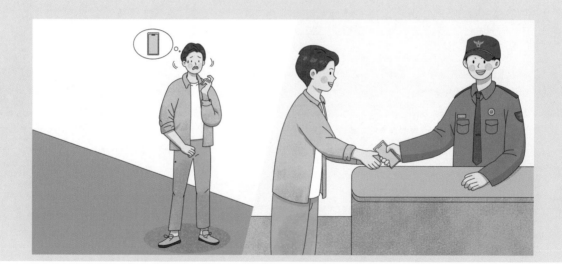

☆ 여러분은 물건을 잃어버린 경험이 있어요?

☆ 잃어버린 물건을 어떻게 찾았어요?

읽기
Reading

　　며칠 전에 스마트폰을 잃어버렸다. 처음에는 어디에서 잃어 버렸는지 기억이 나지 않았다. 그래서 내가 지나온 곳을 다 찾아가서 확인해 보았는데 없었다. 나중에 누가 주워서 연락할 수도 있어서 내가 지나온 곳마다 연락처를 남겨 놓았다. 그리고 집에 와서 천천히 생각해 본 결과 집 근처 마트에서 잃어버린 것 같았다. 그날 마트에 사람이 많았는데 내가 계산을 하는 사이에 누가 가져간 것 같았다. 그래서 나는 경찰서에 바로 갔다. 경찰서에서는 우선 분실물 신고를 하라고 해서 경찰서 분실물 사이트에 신고 내용을 자세히 올렸다.

　　그런데 오후에 경찰서에서 스마트폰을 찾았다고 연락이 왔다. 나는 너무 놀라고 기뻐서 경찰서까지 뛰어 갔다. 경찰서에서는 스마트폰이 마트 바닥에 떨어져 있었다고 했다. 마트에서 계산을 하면서 잠깐 옆에 두었는데 그때 바닥에 떨어진 것 같았다. 다행히 마트 주인이 발견해서 근처 경찰서에 신고를 한 것이다. 스마트폰을 찾아서 기쁘기도 했으나 누가 가져갔다고 먼저 생각한 것이 창피했다. 그리고 다음에 내가 물건을 줍게 되면 바로 신고를 해야겠다고 생각했다. 이번 기회에 물건을 잃어버린 사람의 마음을 잘 이해했기 때문이다.

보관하다	줍다	두다	바닥	분실물
다행히	발견하다	신고하다	창피하다	사이트

이해하기
Comprehension

▶ **1** 이 사람은 왜 경찰서에 갔어요?

_____

▶ **2** 읽은 내용과 같으면 ○, 다르면 X로 표시하세요.

1) 오늘 오후에 스마트폰을 찾았다. ( )

2) 마트에서 스마트폰을 잃어 버렸다. ( )

3) 손님이 스마트폰을 주워서 신고했다. ( )

4) 경찰서 분실물 사이트에 신고 내용을 올렸다. ( )

▶ **3** 스마트폰을 찾기 위해 한 일을 모두 고르세요.

1) 마트 손님에게 물어보기

2) 다녀온 곳 연락처 남기기

3) 잃어버린 곳 기억해 보기

4) 경찰서 분실물 사이트에 신고 내용 올리기

▶ **4** 이 사람은 스마트폰을 찾고 난 뒤 무슨 생각을 했어요?

_____

어휘
Vocabulary

1 아는 것에 표시해 보세요.

☐ 보관하다   ☐ 바닥   ☐ 두다   ☐ 분실물
☐ 다행히   ☐ 신고하다   ☐ 발견하다   ☐ 이해하다

2 빈칸에 알맞은 말을 써 보세요.

1) 친구에게 받은 선물을 서랍 속에 (   )

2) 자전거를 학교 주차장에 세워 (   )

3) 잃어버린 가방을 학교 (   ) 센터에서 찾았습니다.

4) 날씨가 흐렸지만 (   ) 비가 오지 않아서 축제가 잘 끝났습니다.

5) 마트에서 스마트폰을 (   ) 주인이 경찰서에 신고했다.

3 다음 어휘로 문장을 만들어 보세요.

1) 두다 _____

2) 다행히 _____

3) 이해하다 _____

4) 발견하다 _____

표현 1
Expression 1

V-아/어 버리다

ㅏ, ㅗ O	아 버리다	가 버리다
ㅏ, ㅗ X	어 버리다	잃어 버리다
하다	해 버리다	말해 버리다

▸ 맛있어서 음식을 다 먹어 버렸습니다.

▸ 휴대폰을 잃어 버려서 연락을 하지 못했습니다.

▸ 날씨가 더워서 아이스크림이 녹아 버렸습니다.

 보기와 같이 문장을 바꾸세요.

 도서관에 가방을 놓고 나왔다.

→ 도서관에 가방을 놓고 나와 버렸습니다.

1) 공부하다가 잠이 들다.

→ _____

2) 늦게 도착해서 기차를 놓치다.

→ _____

3) 집중해서 과제를 빨리 끝내다.

→ _____

4) 벌써 생활비를 다 쓰다.

→ _____

5) 바람이 강하게 불어서 모자가 날아가다.

→ _____

2 보기와 같이 문장을 완성하세요.

| 고장나다 | 나가다 | 날아가다 | **넘어지다** | 말하다 | 자르다 | 지우다 |

보기 서둘러 뛰어 가다가 (넘어져 버렸다).

1) 중요한 파일을 실수로 (   )

2) 기분 전환을 하려고 머리를 짧게 (   )

3) 휴대폰을 새로 샀는데 금방 (   ) 속상했다.

4) 시험공부를 하는데 친구가 통화를 해서 방을 (   )

5) 갑자기 컴퓨터가 꺼지면서 방금 작성한 문서가 (   )

3 'V-아/어 버리다'를 사용해서 문장을 완성하세요.

1) 지하철에서 깜박 졸았습니다.

　　그래서 _____

2) 시험 문제가 아주 어려웠습니다.

　　그래서 _____

3) 약속 시간이 지났는데 친구가 오지 않습니다.

　　그래서 _____

4) 다이어트 중인데 친구가 맛있는 피자를 사 왔습니다.

　　그래서 _____

표현2
Expression 2

V-는 사이에

현재	받침 O, X	-는 사이에	먹는 사이에, 일하는 사이에
과거	받침 O	-은 사이에	주고받은 사이에
	받침 X	-ㄴ 사이에	간 사이에

▶ 잠깐 조는 사이에 수업이 끝나 버렸다.

▶ 내가 샤워하는 사이에 친구가 전화했다.

▶ 내가 점심을 먹는 사이에 친구가 책을 놓고 갔다.

▶ 몇 번 이야기를 주고받은 사이에 우리는 친구가 되었다.

 보기와 같이 문장을 완성하세요.

 이야기했습니다. + 주문한 음식이 나왔습니다.

→ 이야기하는 사이에 주문한 음식이 나왔습니다.

1) 잠깐 밥을 먹으러 갔습니다. + 친구가 왔다 갔습니다.

→ _____

2) 휴대 전화를 봤습니다. + 지하철이 가 버렸습니다.

→ _____

3) 화장실에 잠깐 다녀왔습니다. + 수업이 끝나 버렸습니다.

→ _____

4) 도서관에서 책을 읽고 있습니다. + 비가 내리기 시작했습니다.

→ _____

5) 음식을 만들었습니다. + 손님들이 도착했습니다.

→ _____

2 문장을 완성하세요.

1) 지난 밤 사이에 _____

2) 친구와 잠깐 통화를 하는 사이에 _____

3) 친구를 며칠 안 만난 사이에 _____

4) 1박 2일 여행을 다녀오는 사이에 _____

5) 수업 시간에 잠깐 휴대폰을 보는 사이에 _____

3 질문을 읽고, 'V-는 사이에'를 사용해서 대답을 쓰세요.

> 버스/지하철을 놓친 적이 있습니까? 왜 놓쳤습니까?
> 수업 시간에 잠깐 졸면 어떤 일이 일어납니까?
> 카페에서 친구가 잠깐 화장실에 가면 주로 무엇을 합니까?
> 도서관에서 잠깐 쉬는 사이에 무엇을 합니까?

_____

_____

_____

_____

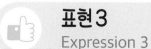

V-는 것 같다, A-(으)ㄴ 것 같다, N인 것 같다

V	받침 O, X	는 것 같다	먹는 것 같다, 가는 것 같다
A	받침 O	은 것 같다	많은 것 같다
	받침 X	ㄴ 것 같다	바쁜 것 같다
N	받침 O, X	인 것 같다	학생인 것 같다

▸ 이 식당은 음식이 맛있는 것 같다.

▸ 집에 아무도 없는 것 같다.

▸ 책을 읽는 것을 좋아하는 것 같아서 책을 사 왔다.

▸ 왕호 씨가 요즘 바쁜 것 같다.

▸ 저 사람은 몽골 사람인 것 같다.

1 보기와 같이 문장을 완성하세요.

 한국 사람들은 노래를 좋아한다.

→ 한국 사람들은 노래를 좋아하는 것 같다.

1) 이 옷은 비싸다.

→ _____

2) 수미 씨는 요즘 심심하다.

→ _____

3) 나즈라 씨가 무슨 고민이 있다.

→ _____

4) 리사가 버스를 놓쳤다.

→ _____

5) 저 사람은 회사원이다.

→ _____

2 ▶ 보기와 같이 문장을 완성하세요.

보기 ┆ 수혁 씨는 바쁘다. 항상 시간이 없다.
→ <u>수혁 씨는 항상 바쁜 것 같다.</u>

1) 이 영화가 재미있다. 친구가 두 번 봤다고 한다.

→ _____

2) 왕호 씨는 집이 가깝다. 늘 학교에 일찍 온다.

→ _____

3) 프엉 씨는 매운 음식을 잘 먹는다. 김치찌개와 떡볶이를 자주 먹는다.

→ _____

4) 하이 씨가 늦게까지 공부했다. 수업 시간에 졸고 있다.

→ _____

5) 진티엔 씨는 한국 문화를 잘 안다. 전공이 국어국문학과이다.

→ _____

다음 질문을 읽고, 'V-는 것 같다', 'A-(으)ㄴ 것 같다', 'N인 것 같다'를 사용해서 대답을 쓰세요.

지금 친구 기분이 어떤 것 같습니까? 왜 그런 것 같습니까?
오늘 강의실 분위기가 어떤 것 같습니까? 왜 그런 것 같습니까?
친구 성격이 어떤 것 같습니까? 왜 그렇게 생각합니까?
한국 사람들이 좋아하는 것은 무엇이라고 생각합니까? 왜 그렇게 생각합니까?

학교 기숙사에서 책을 주웠어요. 주인에게 찾아 주기 위해 어떻게 할 거예요?
주인을 찾는 과정에서 어떤 어려움이 있을까요? 여러분의 생각을 쓰세요.

_____

_____

_____

_____

_____

_____

_____

_____

_____

여러분은 최근에 분실한 물건이 있어요? 무엇을 잃어버렸어요? 어떻게 찾았어요?

잃어버렸을 때 기분이 어땠어요? 여러분의 경험에 대해 쓰세요.

아래의 표현을 반드시 한 번 이상 사용해야 해요.

1) V-아/어 버리다

2) V-는 사이에

3) V-는 것 같다, A-(으)ㄴ 것 같다, N-인 것 같다

글을 완성한 후에 친구들과 바꿔 읽어 보세요.

멘붕

나즈: 어제 아침에 산 휴대폰을 오후에 잃어버렸어요. 너무 속상해요.

수현: 이런 완전 <u>멘붕</u>이겠어요.

나즈: ?? 멘붕이 뭐예요?

? '멘붕'이 뭐예요?

멘탈(Mental)과 붕괴의 합친 말로 '멘탈이 붕괴됐다'라는 뜻입니다.

? 어떤 상황에서 '멘붕'을 써요?

예를 들어 과제를 거의 완성했는데 갑자기 정전이 되어 과제가 날아가 버리면 어떤 기분이 들까요? "와! 멘붕"이라는 말이 저절로 나옵니다. 나즈 씨처럼 휴대폰을 사자마자 잃어버리면 아무 생각도 안 날 만큼 당황스럽겠죠? 주로 이런 상황에서 쓰입니다.

? '멘붕'은 원래 있던 말이에요?

아니에요. 깜놀(깜짝 놀람), 강추(강력 추천)처럼 시대상을 반영하는 유행어입니다.

<친구와 이야기해 보세요.>

? 여러분도 멘붕상태를 경험해 본 적이 있습니까?

? 여러분 나라에도 '멘붕'과 같은 의미의 유행어가 있습니까?

발표문 쓰기

☆ 여러분은 발표를 자주 합니까?

☆ 발표할 때 사용하는 표현을 알고 있습니까?

안녕하십니까? 만화애니메이션학과 25학번 투이입니다.

저는 오늘 '한국의 음식 문화'에 대하여 발표를 하겠습니다. 한 나라의 문화에는 그 나라 사람들의 생각과 생활 방식이 잘 나타나 있습니다. 그래서 이번 기회에 한국 문화를 이해하고자 이 주제를 정하게 되었습니다. 발표는 한국의 밥, 국물 음식 두 부분으로 나누어 설명 드리도록 하겠습니다.

먼저 이 슬라이드에서 알 수 있듯이 한국에서는 밥을 주식으로 하고 반찬을 부식으로 합니다. 이것은 주식과 부식의 구분이 없는 서양 음식이나 중국 음식과 아주 다른 점입니다. 밥은 한국 음식에서 가장 기본이 됩니다. 이처럼 밥이 한국 사람에게 중요하기 때문에 밥과 관련된 말이 많습니다. 안부를 물을 때 "밥은 잘 먹고 다니지?"라고 하고, 헤어질 때 인사 표현으로 "언제 밥 한번 먹자"라고 합니다.

다음은 한국의 국물 음식에 대하여 살펴보겠습니다. 한국 사람들의 밥상에는 항상 밥과 함께 국이 있습니다. 어떤 사람은 국이나 찌개가 없으면 밥을 못 먹는다고 합니다. 특히 한국 사람들은 더운 여름에도 뜨거운 국물 음식을 먹습니다. 이것을 '이열치열 문화'라고 합니다. 뜨거운 국물을 먹으면서 "시원하다"라고 말하기도 합니다. 이러한 문화는 외국인인 저에게 신기해 보입니다.

끝으로 이번 발표를 준비하면서 느낀 생각을 여러분과 나누고자 합니다. 음식은 단순히 '먹는' 것이 아니라 그 나라 사람들의 생활을 잘 보여준다고 생각합니다. 나라마다 음식 문화가 다르듯이 음식을 통해서 서로 다른 문화를 이해할 수 있다고 생각합니다.

이상으로 발표를 마치겠습니다. 혹시 질문이 있으시면 질문해 주시기 바랍니다.

감사합니다.

생각	사고방식	주식	부식	기본	안부
중요하다	관련되다	표현	살펴보다	밥상	이열치열
신기하다	느끼다	나누다	단순히	통하다	이상

이해하기
Comprehension

1 이 사람의 발표 주제는 뭐예요?

_____

2 읽은 내용과 같으면 ○, 다르면 X로 표시하세요.

1) 한국어에 밥과 관련된 말이 많다. ( )

2) 뜨거운 국물 음식은 여름에만 먹는다. ( )

3) 한국 사람은 국물 음식을 아주 좋아한다. ( )

4) 주식과 부식의 구분은 어느 나라에나 있다. ( )

3 발표에서 말하지 <u>않은</u> 내용을 고르세요.

1) 한국의 밥 문화

2) 음식과 문화와의 관계

3) 한국의 국물 음식 문화

4) 여러 나라의 음식 문화

4 이 사람은 한국의 '이열치열 문화'를 어떻게 생각해요?

_____

어휘
Vocabulary

1 아는 것에 표시해 보세요.

☐ 생각	☐ 기본	☐ 안부	☐ 중요하다	☐ 살펴보다
☐ 표현	☐ 신기하다	☐ 느끼다	☐ 단순히	☐ 통하다

2 빈칸에 알맞은 말을 써 보세요.

1) 나는 공부에 집중하기 위해 아르바이트를 그만둘 (   )이다.

2) 전공 공부를 열심히 하는 것은 대학 공부의 (   )이다

3) 목표를 이루기 위해 꾸준히 노력하는 것이 (   )

4) 이 문제를 (   ) 생각하면 쉽게 풀 수 없다.

5) 외국에 처음 가면 모든 것이 (   )게 (   )진다.

3 다음 어휘로 문장을 만들어 보세요.

1) 기본 _____

2) 단순히 _____

3) 중요하다 _____

4) 신기하다 _____

표현1
Expression 1

N에 대하여

받침 O, X	에 대하여	그 문제에 대하여, 그 사람에 대하여

▶ 나는 야구에 대하여 잘 모른다.

▶ 나는 그 일에 대해 관심이 많다.

▶ 환경 문제에 대하여 심각하게 고민해야 한다.

1 보기와 같이 문장을 바꾸세요.

 이 문제, 설명하다

→ 이 문제에 대하여 설명해 주십시오.

1) 가족, 소개하다

→ _____

2) 한국 생활, 말하다

→ _____

3) 시험, 자세히 설명하다

→ _____

4) 졸업 후 하고 싶은 일, 발표하다

→ _____

5) 다양한 나라의 문화, 조사해 보다

→ _____

2 보기와 같이 문장을 완성하세요.

보기 요즘 대학생은 <u>취직에 대하여</u> 고민이 많은 것 같습니다.

1) 어제는 _____ 배웠습니다.

2) 지금 _____ 생각하고 있습니다.

3) 앞으로 저는 _____ 더 공부하고 싶습니다.

4) 인터넷으로 _____ 자주 알아봅니다.

5) 친구와 만나면 주로 _____ 이야기합니다.

3 질문을 읽고, 'N에 대하여'를 사용해서 대답을 쓰세요.

> 요즘 무엇에 대하여 고민하고 있습니까?
> 친구와 주로 무엇에 대하여 의견이 다릅니까?
> 최근 무엇에 대하여 관심을 가지게 되었습니까?
> 무엇에 대하여 이야기할 때 가장 즐겁습니까?

_____

_____

_____

_____

표현 2
Expression 2

V-고자, V-고자 하다

받침 O, X	고자	이루고자, 받고자

- ▶ 나는 꿈을 이루고자 밤낮으로 열심히 공부하고 있다.

- ▶ 이것이 내가 말하고자 하는 것입니다.

- ▶ 저는 앞으로 한국어 교사가 되고자 합니다.

 보기와 같이 문장을 완성하세요.

 한국어를 배우다 + 한국에 왔다.

→ 한국어를 배우고자 한국에 왔습니다.

1) 좋은 성적을 받다 + 열심히 노력했다

→ _____

2) 한국어를 잘하다 + 매일 단어를 외우고 있다

→ _____

3) 건강을 지키다 + 규칙적으로 운동하고 있다

→ _____

4) 원하는 회사에 취직하다 + 최선을 다하고 있습니다

→ _____

5) 발표 실력을 향상시키다 + 열심히 연습했습니다

→ _____

2 보기와 같이 문장을 완성하세요.

발표하다	성적을 향상 시키다	시작하다
컴퓨터공학을 전공하다	한국어를 잘하다	행복하다

보기   __컴퓨터공학을 전공하고자__ 유학을 왔습니다.

1) _____ 열심히 공부하고 있습니다.

2) 저는 한국 문화에 대하여 _____

3) 지금부터 행사를 _____

4) _____ 한국 친구와 꾸준히 이야기하고 있습니다.

5) 사람은 누구나 _____ 열심히 일을 합니다.

3 질문을 읽고, 'V-고자', 'V-고자 하다'를 사용해서 대답을 쓰세요.

> 미래에 어떤 사람이 되고 싶습니까? 꿈을 이루기 위해 무엇을 합니까?
> 이번 학기 계획이 있습니까? 계획을 이루기 위해 무엇을 하고 있습니까?
> 고치고 싶은 습관이 있습니까? 그 습관을 어떻게 고치려고 합니까?

_____

_____

_____

_____

표현 3
Expression 3

V/A-듯이

받침 O, X	듯이	말했듯이, 다르듯이

▶ 나라마다 언어가 다르듯이 문화도 다르다.

▶ 전에도 말했듯이 다음 주 월요일까지 제출하세요.

▶ 지금까지 잘해 왔듯이 앞으로도 잘할 것입니다.

 보기와 같이 문장을 완성하세요.

 사람들이 여행을 좋아하다. 나도 여행을 좋아합니다.

→ 사람들이 여행을 좋아하듯이 나도 여행을 좋아합니다.

1) 수미 씨는 춤추다. 걸어갔습니다.

→ _____

2) 그림을 그리다. 고향의 모습을 자세히 설명했습니다.

→ _____

3) 지난번에도 말했다. 이번 과제는 팀별로 진행됩니다.

→ _____

4) 세상의 모든 부모가 그렇다. 우리 부모님도 나를 걱정하십니다.

→ _____

5) 아까 슬라이드에서 보셨다. 나라마다 다양한 음식 문화를 알 수 있습니다.

→ _____

2 보기와 같이 문장을 완성하세요.

경쟁하다	사람마다 얼굴이 다르다	실제 공연을 하다
조금 전에도 이야기했다	지금까지 그래왔다	**친구에게 말하다**

보기 하산 씨는 <u>친구에게 말하듯이</u> 편안하게 발표했습니다.

1) _____ 사고방식도 모두 다릅니다.

2) _____ 과제 제출 마감일은 다음 주입니다.

3) _____ 앞으로도 열심히 공부할 것입니다.

4) 동아리 친구들은 연습을 마치 _____ 열심히 했습니다.

5) 두 사람은 _____ 더 좋은 아이디어를 내기 위해 노력했습니다.

3 다음은 한국의 관용표현입니다. 그 의미를 쓰세요.

용돈을 물 쓰듯이 쓴다.
땀이 비 오듯이 흐른다.
춤을 추듯이 걷는다.
거짓말을 밥 먹듯이 한다.

_____

_____

_____

_____

쓰기1
Writing 1

여러분 나라의 대표적인 음식과 음식 문화에 대해 발표문을 작성할 거예요.

쓰기 전에 발표 개요를 작성해 보세요. 다음의 내용을 포함하여 발표 개요를 작성하세요.

▶ 여러분 나라에서 가장 유명한 음식과 그 음식이 특별한 이유
▶ 그 음식과 관련된 특별한 추억이나 개인적인 경험

처음	인사, 주제 소개	
	발표순서 소개	
중간	내용	
끝	발표 종료 알림, 끝인사	

쓰기 2
Writing 2

앞의 발표 개요를 바탕으로 발표문을 작성해 보세요.

아래의 표현을 반드시 한 번 이상 사용해야 해요.

1) N에 대하여

2) V-고자, V-고자 하다

3) V/A-듯이

_____

_____

_____

_____

_____

_____

_____

_____

글을 완성한 후에 친구들과 바꿔 읽어 보세요.

재미있는 한국말
Interesting Korean Words

알잘딱깔센

앤디 : 미연 씨, 어제 지하철에서 '알잘딱깔센' 이란 말을 들었는데 무슨 말이에요?

미연 : 아! 요즘 10대들이 자주 쓰는 말이에요.

| ? 알잘딱깔센은 무슨 뜻이에요? | 알아서 **잘 딱 깔**끔하고 **센**스있게의 줄임말입니다.
더 줄여서 **알잘딱**이라고도 합니다. |

| ? 알잘딱은 어떻게 생긴 유행어예요? | 한 인터넷 방송 스트리머가 처음 사용하였습니다. 이후 유명 연예인과 방송에서 사용하면서 널리 퍼졌고, 주로 10대와 20대 초반 젊은층에서 자주 사용합니다. |

| ? 알잘딱깔센은 어떻게 사용되나요? | "이번 과제는 **알잘딱깔센**으로 끝내자."
즉, 누가 가르쳐 주지 않아도 스스로 알아서 잘하는 상황에서 사용하는 말입니다. |

<친구와 이야기해 보세요.>

? 여러분도 한국어 줄임말을 씁니까?

? 여러분 나라에도 한국어처럼 줄임말이 있습니까?

? 여러분은 줄임말에 대해 어떻게 생각합니까?

11장

강의 공지

☆ 강의 공지를 자주 확인하나요?

☆ 최근에 확인한 공지는 무슨 내용이었나요?

읽기 1
Reading 1

◀ ▶ C

| 과목 공지

한국의언어와문화2 온라인 강의 안내

작성자: 김세종

여러분, 안녕하세요.
한국의언어와문화2 수업의 김세종입니다.

강의실에 설치된 빔프로젝터 고장으로 인해 11주차 강의를 온라인으로 진행하기로 했습니다. 강의는 Webex로 진행될 예정이니 아래의 링크를 통해 접속해 주시기 바랍니다.

• 강의 일시: 2025년 5월 21일(수) 오후 1시 30분
• 접속 링크: https://sejong.webex.com/meet/sejongkorean
　　　　　　액세스 코드: 572 359 153
　　　　　　비밀번호: 0000

온라인 강의로 진행되므로 인터넷 연결 상태를 미리 확인하고 강의 자료를 준비해 주시기 바랍니다. 강의 자료는 강의 전에 e-campus에 업로드 하겠습니다.

12주차부터는 강의실에서 수업을 진행합니다.
감사합니다.

공지	설치되다	고장	진행하다	접속하다
일시	상태			

읽기 2
Reading 2

| 과목 공지

한국의언어와문화2 11주차 휴강 안내

작성자: 김세종

안녕하세요.
한국의언어와문화2 수업의 김세종 교수입니다.

개인 사정으로 인하여 11주차 강의를 휴강하기로 하였습니다.
갑작스러운 일정 변경으로 불편을 드려 죄송합니다.
12주차 강의는 정상적으로 진행할 것이니 참고 바랍니다.

보강에 대한 구체적인 일정은 추후 공지하겠습니다.
감사합니다.

휴강	개인 사정	갑작스럽다	변경	정상적	참고
보강	구체적	추후			

이해하기
Comprehension

1 첫 번째 공지의 목적은 무엇인가요?

_____

2 두 번째 공지의 목적은 무엇인가요?

_____

3 첫 번째 공지의 내용과 같으면 ○, 다르면 X로 표시하세요.

1) 12주차 강의는 휴강할 예정입니다.   (　　　)

2) 강의 자료는 미리 확인할 수 있습니다.   (　　　)

3) 11주차 강의는 e-campus에서 진행됩니다.   (　　　)

4) 교수님의 건강 문제로 인해 온라인 수업을 합니다.   (　　　)

4 두 번째 공지의 내용과 같으면 ○, 다르면 X로 표시하세요.

1) 11주차 강의는 온라인으로 진행됩니다.   (　　　)

2) 휴강은 학기 초부터 예정되어 있었습니다.   (　　　)

3) 보강 일시는 다음 시간에 알 수 있습니다.   (　　　)

4) 12주 강의 방식은 11주차에 알 수 있습니다.   (　　　)

어휘
Vocabulary

1 아는 것에 표시해 보세요.

☐ 고장	☐ 상태	☐ 개인 사정	☐ 일시	☐ 추후
☐ 변경	☐ 접속하다	☐ 설치되다	☐ 진행하다	

2 빈칸에 알맞은 말을 써 보세요.

1) 이번 주 수업은 온라인으로 (   )

2) 강의 (   ) 5월 21일 오후 1시 30분입니다.

3) 오늘 수업은 교수님의 (   )으로 인해 취소되었습니다.

4) 온라인 강의를 수강하려면 먼저 e-campus에 (   )

5) 보강 일정은 (   )에 공지하겠습니다.

3 다음 어휘로 문장을 만들어 보세요.

1) 개인 사정

_____

2) 추후

_____

3) 접속하다

_____

4) 설치되다

_____

표현1
Expression 1

N(으)로 인하여

받침 O	으로 인하여	고장으로 인하여
받침 X	로 인하여	날씨로 인하여

▷ 개인 사정으로 인하여 약속을 취소했습니다.

▷ 더운 날씨로 인하여 에어컨 사용이 늘었다.

▷ 교통사고로 인해 도로가 꽉 막혔습니다.

▷ 컴퓨터 고장으로 인해 과제를 제출할 수 없었습니다.

 보기와 같이 문장을 완성하세요.

> **보기** (비, 공연, 취소) <u>비로 인하여 공연이 취소되었습니다.</u>

1) (교통사고, 지각) _____

2) (태풍, 비행기, 결항) _____

3) (교수님 출장, 시험, 연기) _____

4) (컴퓨터 고장, 수업, 중단) _____

5) (정전, e-campus, 접속) _____

6) (시스템 오류, 결제, 실패) _____

2 보기와 같이 문장을 완성하세요.

> **보기** (비) 비로 인하여 체육대회가 취소되었습니다.

1) 제 (사정) _____ 죄송합니다.

2) 강의실 (수리) _____ 변경되었습니다.

3) 교수님의 (건강 문제) _____ 연기되었습니다.

4) (시간 부족) _____ 지 못했습니다.

5) (예산) _____ 지 못했습니다.

6) (오해) _____ 이별하게 되었습니다.

3 보기와 같이 문장을 쓰세요.

> **보기** 교통사고: 교통사고로 인해 도로를 이용할 수 없습니다.

1) 태풍: _____

2) 감기: _____

3) 실수: _____

4) 행사: _____

5) 인터넷 고장: _____

6) _____

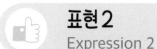

표현 2
Expression 2

V-기로 하다

V	받침 O, X	기로 하다	가기로 하다, 먹기로 하다

▶ 우리는 여름 방학에 제주도로 여행을 가기로 했습니다.

▶ 민수 씨와 주말에 점심을 먹기로 했습니다.

▶ 오늘부터 담배를 끊기로 했습니다.

▶ 이번 주말에는 집에서 책을 읽기로 했습니다.

1 보기와 같이 문장을 완성하세요.

> **보기** 민수 씨와 주말에 점심을 <u>먹기로 했습니다.</u>

1) 이번 학기 말에 학과에서 MT를 _____

2) 친구들과 도서관에서 시험 _____

3) 방학 동안 해외 인턴십에 _____

4) 조원들과 오후에 만나서 _____

5) 그 문제는 교수님을 뵙고 _____

6) 휴강에 대한 보강은 _____

2 보기와 같이 문장을 완성하세요.

> **보기**　(비, 공연, 취소) 비로 인해 공연을 취소하기로 했습니다.

1) (교수님, 개인 사정, 휴강) _____

2) (건강 문제, 동아리, 그만두다) _____

3) (과제, 약속, 연기하다) _____

4) (시간 부족, 운동, 포기) _____

5) (교실 수리, 수업, 온라인) _____

6) (교통사고, 회의, 취소) _____

3 보기와 같이 대화를 완성하세요.

> **보기**　가: 주말 계획이 있습니까?
> 　　나: 주말에 친구와 경주 여행을 가기로 했습니다.

1) 가: 이번 동아리 모임은 언제입니까?
　 나: _____

2) 가: 기말시험 준비는 잘 되고 있습니까?
　 나: 아니요. 그래서 _____

3) 가: 학생회 활동은 계속 할 생각입니까?
　 나: _____

4) 가: 방학 계획이 있습니까?
　 나: _____

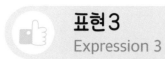

표현 3
Expression 3

V/A-(으)니

받침 O	으니	먹으니, 작으니
받침 X	니	가니, 크니

▶ 수업이 온라인으로 진행되니 참고 바랍니다.

▶ 이 내용은 중요하니 집중해 주십시오.

▶ 날씨가 좋으니 산책을 하려고 합니다.

▶ 제출 기한이 지났으니 과제를 받을 수 없습니다.

1 보기와 같이 문장을 완성하세요.

보기   도서관이 <u>조용하니</u> 공부하기 좋다.

1) 곧 시험이 _____ 모두 휴대폰을 넣어 주십시오.

2) 교수님께서 _____ 전화보다 이메일로 연락 드리는 게 좋습니다.

3) 이번 주말에는 시간이 _____ 동아리실에 갈 수 있습니다.

4) 수강 변경 기간이 아직 _____ 수업을 변경할 수 있습니다.

5) 쉬는 시간이 _____ 다시 수업을 시작하겠습니다.

6) 방학이 얼마 _____ 방학 계획을 세우려고 합니다.

2 보기와 대화를 완성하세요.

보기
가: 아직 과제를 다하지 못했습니다.

나: <u>과제 제출 기한이 하루 더 남았으니</u> 서두르지 마십시오.

1) 가: 도서관에 사람이 너무 많습니다.

　나: ＿＿＿＿＿＿＿＿＿＿＿＿＿＿＿＿＿＿＿＿＿＿＿ 많은 것이 당연합니다.

2) 가: 이번 시험은 너무 어려울 것 같습니다.

　나: ＿＿＿＿＿＿＿＿＿＿＿＿＿＿＿＿＿＿＿＿ 너무 걱정하지 마십시오.

3) 가: 언제쯤 같이 식사를 할 수 있습니까?

　나: ＿＿＿＿＿＿＿＿＿＿＿＿＿＿＿＿＿＿＿＿ 주말에 식사를 합시다.

4) 가: 장학금을 받아야 하는데 걱정입니다.

　나: ＿＿＿＿＿＿＿＿＿＿＿＿＿＿＿＿＿＿＿＿＿ 노력해 보십시오.

3 다음 공지글을 완성하세요.

안녕하세요. 학우 여러분.

기말고사가 (다가오다) ＿＿＿＿＿＿＿＿＿ 다들 시험 준비에 바쁘시지요?
시험 기간 동안 도서관에 사람이 ＿＿＿＿＿＿＿＿ 평소보다 일찍 도서관에
가는 것을 추천합니다. 그리고 도서관 운영 시간이 오전 10시에서 오전 8시로
＿＿＿＿＿＿＿＿ 참고하시기 바랍니다.

그리고, 학기 말에는 학과 MT가 ＿＿＿＿＿＿＿＿ 미리 일정을 확인하시
고 참석 여부를 알려주시기 바랍니다. 참가자가 많을수록 다양한 프로그램을
많은 참여 부탁드립니다.

감사합니다.

쓰기 1
Writing 1

아래 밑줄 친 부분을 완성하여 공지글을 쓰세요.

동아리실 공사 및 행사 안내

작성자: 동아리 회장

안녕하세요. 동아리원 여러분.

다음주 월요일부터 동아리실 _____ 동아리실을 사용할 수

_____ , 동아리실 대신 도서관 세미나실을 이용해 주시기 바랍니다.

동아리실 공사는 2주 동안 _____ 양해 바랍니다.

그리고 기말시험 공부를 하느라 힘들어 하는 여러분을 위해 다음주부터 매일

오후 2시에 무료 간식을 _____ . 동아리실 옆 세종카페에서

무료 간식을 _____ 꼭 방문하시기 바랍니다.

감사합니다.

동아리 회장 드림.

학과 학생들에게 공지글을 써 보세요.

아래의 표현을 반드시 한 번 이상 사용해야 해요.

1) N(으)로 인하여

2) V-기로 하다

3) V/A-(으)니

제목:

작성자:

글을 완성한 후에 친구들과 바꿔 읽어 보세요.

재미있는 한국말
Interesting Korean Words

우주 공강

현우: 이제 강의가 끝났네요. 타오 씨, 다음 강의는 몇 시에 시작해요?

타오: 네 시 반이요... 열 시 반부터 네 시 반까지 공강이에요.

현우: 대체 수강신청을 어떻게 했는데 <u>우주 공강</u>이 되어 버렸어요?

| ? '공강'이 뭐예요? | 강의가 없는 시간을 의미합니다. 예를 들어 9시~12시와 1시 30분~3시에 강의를 듣는다면, 강의가 없는 12시~1시 30분을 '공강 시간'이라고 부릅니다. 강의가 없는 요일도 '공강'이라고 부를 수 있습니다. |

| ? 그러면 '우주 공강'은 뭐예요? | 공강 시간이 '우주'처럼 매우 길 때 사용하는 단어입니다. 보통 4시간 이상 강의가 없을 때 '우주 공강'이라고 부르는 학생들이 많습니다. |

| ? 한국 대학생들은 공강 시간이 길 때 무엇을 하나요? | - 공부를 하는 학생: 도서관에 가거나, 자격증/시험 공부를 하는 학생도 있습니다.
- 노는 학생: 영화를 보거나, 근처 카페나 노래방에 가는 학생도 있습니다.
- 쉬는 학생: 과방이나 동아리방에 가서 잠을 자는 학생도 있습니다.
- 돈을 버는 학생: 학교 근처에서 아르바이트를 하는 학생도 있습니다. |

<친구와 이야기해 보세요.>

? 여러분의 공강 시간은 '우주 공강'입니까? 친구들과 이야기해 보세요.

? 여러분은 공강 시간에 보통 무엇을 합니까?

MEMO

12장

감사 편지

☆ 감사 편지를 쓴 적이 있나요?

☆ 누구에게 감사 편지를 쓰고 싶나요?

선생님 감사합니다

보내는 사람   히엔 〈hien@sejong.ac.kr〉

받는사람   김세종 〈sejongkim@sejong.ac.kr〉

2024년 10월 16일 (수) 오후 8:21

안녕하세요. 선생님.

저는 작년에 세종어학당에서 선생님께 한국어를 배운 히엔입니다. 저를 기억하시지요? 스승의 날을 맞아 선생님께 감사의 마음을 전하고 싶어서 이렇게 메일을 드립니다.

작년에 한국에 처음 왔을 때, 한국어를 전혀 못해서 정말 힘들었습니다. 낯선 한국에서 친구도 없고 아는 사람도 없어서 많이 외롭기도 했습니다. 하지만 선생님의 열정적인 가르침 덕분에 한국어 실력도 많이 늘었고, 선생님께서 항상 친절히 대해 주신 덕분에 한국 생활도 즐겁게 할 수 있었습니다.

한국어를 배우면서 실수도 많이 하고 한국어가 어려워서 포기해 버리고 싶을 때도 있었습니다. 그때마다 선생님의 따뜻한 격려 덕분에 포기하지 않을 수 있었습니다. 그리고 제가 많이 아팠을 때, 혼자 병원 가기를 망설이는 저를 위해서 함께 병원에 가 주셨지요. 그 일은 지금까지도 감사할 따름입니다.

제가 성격이 내성적인 탓에 감사한 마음을 표현하지 못했지만 늘 선생님께 감사한 마음을 가지고 있었습니다.

선생님, 진심으로 감사합니다.
항상 건강하시고 행복하시기를 바랍니다.

히엔 올림.

작년	스승의 날	(기념일)을 맞다	포기하다	낯설다	열정적
가르침	마음을 전하다	격려	망설이다	내성적	진심

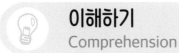
1 히엔은 처음 한국에 왔을 때 왜 힘들었나요?

_____

2 읽은 내용과 같으면 ○, 다르면 X로 표시하세요.

1) 히엔은 활달한 성격입니다.   (   )

2) 히엔은 작년에 한국에 처음 왔습니다.   (   )

3) 선생님은 히엔과 함께 병원에 가 준 적이 있습니다.   (   )

4) 히엔은 선생님의 생신을 축하하기 위해 메일을 썼습니다.   (   )

3 히엔이 한국 생활을 즐겁게 할 수 있었던 이유는 무엇인가요?

1) 선생님의 따뜻한 격려 덕분에

2) 선생님의 열정적인 가르침 덕분에

3) 선생님께서 친절하게 대해 주신 덕분에

4) 선생님께서 병원에 같이 가 주신 덕분에

4 윗사람에게 이메일을 보낼 때 마지막에 사용하는 표현은 무엇인가요?

_____

어휘
Vocabulary

1 아는 것에 표시해 보세요.

☐ 작년	☐ 실수	☐ 격려	☐ 진심	☐ 가르침
☐ 낯설다	☐ 열정적	☐ 그때마다	☐ 망설이다	☐ 을 맞다

2 빈칸에 알맞은 말을 써 보세요.

1) 시험 중에 작은 (   ) 했지만 높은 점수를 받았다.

2) 어려운 순간마다 선생님의 (   ) 큰 힘이 되었습니다.

3) 대학생이 되고 처음으로 학교에 왔을 때 모든 것이 (   )

4) 선생님께서는 늘 (   )으로 학생들을 대하셨습니다.

5) 중요한 결정을 내릴 때 너무 오래 (   ) 않는 것이 좋다.

다음 어휘로 문장을 만들어 보세요.

1) 낯설다

_____

2) 격려

_____

3) 그때마다

_____

4) 망설이다

_____

표현1
Expression 1

V-(으)ㄴ 덕분에, N 덕분에

동사	과거	받침 O	은 덕분에	먹은 덕분에
		받침 X	ㄴ 덕분에	간 덕분에
명사	받침 O, X		덕분에	선생님 덕분에

▶ 친구가 길을 잘 가르쳐준 덕분에 길을 헤매지 않았습니다.

▶ 건강한 음식을 먹은 덕분에 건강이 좋아졌습니다.

▶ 여행을 다녀온 덕분에 스트레스가 풀렸습니다.

▶ 그 사람 덕분에 어려운 일을 해결할 수 있었습니다.

 1 보기와 같이 문장을 완성하세요.

> **보기** 지난주에 여행을 (다녀오다) <u>다녀온 덕분에</u> 스트레스가 풀렸습니다.

1) 시험 준비를 열심히 (하다) _____ 좋은 성적을 받았습니다.

2) 일찍 (출발하다) _____ 늦지 않고 도착할 수 있었습니다.

3) 꾸준히 (운동하다) _____ 면역력이 좋습니다.

4) 조원들의 (도움) _____ 조별 과제를 잘 마칠 수 있었습니다.

5) 동아리에 (가입하다) _____ 많은 경험을 할 수 있었습니다.

6) 좋은 (날씨) _____ 여행도 즐거웠습니다.

2 보기와 같이 문장을 완성하세요.

보기 열심히 공부한 덕분에 좋은 점수를 받을 수 있었습니다.

1) _____ 건강을 유지할 수 있었습니다.

2) _____ 새로운 경험을 할 수 있었습니다.

3) _____ 스트레스가 없어졌습니다.

4) _____ 한국 친구를 많이 사귀었습니다.

5) _____ 기분이 좋아졌습니다.

6) _____ 늦지 않을 수 있었습니다.

3 보기와 같이 문장을 쓰세요.

보기 선생님: 선생님 덕분에 한국어를 배울 수 있었습니다.

1) 부모님: _____

2) 친구: _____

3) 시작하다: _____

4) 도전하다: _____

5) _____

6) _____

표현 2
Expression 2

V/A-(으)ㄹ 따름이다

받침 O	을 따름이다	믿을 따름이다
받침 X	ㄹ 따름이다	기쁠 따름이다

▶ 도와 주셔서 고마울 따름입니다.

▶ 좋은 소식을 들어서 기쁠 따름입니다.

▶ 도와 주지 못해서 안타까울 따름입니다.

▶ 친구와 헤어지게 되어서 슬플 따름입니다.

 보기와 같이 문장을 완성하세요.

 도와 주셔서 (고맙다) <u>고마울 따름입니다.</u>

1) 선생님의 가르침에 (감사하다) _____

2) 큰 실수를 한 것 같아서 (죄송하다) _____

3) 아무것도 할 수가 없어서 (답답하다) _____

4) 그 소식을 들으니 (놀랍다) _____

5) 몸이 아프니 모든 것이 (귀찮다) _____

6) 친구의 안 좋은 상황을 생각하면 마음이 (아프다) _____

2 보기와 같이 대화를 완성하세요.

보기 　가: 더 궁금한 것이 있습니까?

　　　나: 아니요. 자세히 알려 주셔서 감사할 따름입니다.

1) 가: 조금 전 뉴스에서 봤는데 교통사고로 인해 일가족이 사망했다고 해요.

　나: 네, 그 소식을 들으니 _____

2) 가: 미나 씨는 성적도 좋고 얼굴도 예쁘고 성격도 좋고 완벽하네요!

　나: 무슨 말씀을요. _____

3) 가: 면담 시간에 세 시간이나 늦었네요. 왜 이제 왔나요?

　나: 이렇게 늦어서 교수님께 _____

4) 가: 조별 과제 잘 되고 있어요? 저희 조는 발표 준비를 거의 다 했어요.

　나: 조원들이 아무도 연락을 받지 않아서 _____

3 보기와 같이 문장을 만드세요.

보기 　감사하다: 늘 도와 주시는 선배님께 감사할 따름입니다.

1) 행복하다: _____

2) 슬프다: _____

3) 귀찮다: _____

4) 답답하다: _____

5) _____

표현3
Expression 3

V/A-(으)ㄴ 탓에

V	과거	받침 O	은 탓에	먹은 탓에
		받침 X	ㄴ 탓에	간 탓에
A		받침 O	은 탓에	작은 탓에
		받침 X	ㄴ 탓에	슬픈 탓에

▶ 너무 급하게 먹은 탓에 체했습니다.

▶ 늦게 일어난 탓에 지각했습니다.

▶ 다리가 짧은 탓에 바지를 줄여야 했습니다.

▶ 가격이 비싼 탓에 조금만 샀습니다.

▶ 학교가 먼 탓에 새벽에 일어나야 했습니다.

① 보기와 같이 문장을 완성하세요.

보기 너무 급하게 <u>먹은 탓에</u> 체했습니다.

1) 비가 많이 _____ 길이 매우 미끄럽습니다.

2) 버스를 _____ 제시간에 도착하지 못했습니다.

3) 스트레스를 많이 _____ 건강까지 나빠졌습니다.

4) 시험 시간이 _____ 답을 다 쓰지 못했습니다.

5) 준비를 제대로 _____ 발표를 망쳤습니다.

6) 날씨가 너무 _____ 길거리에 사람이 없습니다.

보기와 대화를 완성하세요.

보기
가: 어디 아파요? 피곤해 보이네요.
나: 어제 잠을 잘 못 잔 탓에 피곤하네요.

1) 가: 요즘에 왜 제 연락을 안 받았어요? 바빴어요?

나: _____

2) 가: 이번 시험을 왜 잘 못 봤어요?

나: _____

3) 가: 왜 아직 과제를 제출하지 못했어요?

나: _____

4) 가: 오늘 발표는 잘 했어요?

나: _____

보기와 같이 문장을 만드세요.

보기
바쁘다: 요즘 바쁜 탓에 가족과 자주 연락을 못 했습니다.

1) 시간이 부족하다: _____

2) 게으르다: _____

3) 날씨가 나쁘다: _____

4) 성격이 내성적이다: _____

5) _____

쓰기1
Writing 1

아래 상황에서 사과하는 쪽지를 써 보세요.

상황 1

중요한 약속에 늦어서 상대방을
기다리게 했습니다.

> 차가 많이 막힌 탓에 너무 늦었습니다.
> 기다리시게 해서 죄송할 따름입니다.

상황 2

조별 과제에서 발표를 맡았는데
실수를 많이 해서 결과가
좋지 않았습니다.

상황 3

다른 사람에게 빌린 USB를
잃어버렸습니다.

상황 4

아르바이트 교대 시간을 잊어버려서
다른 아르바이트생이 퇴근하지
못했습니다.

감사한 사람에게 감사 편지를 써 보세요.

아래의 표현을 반드시 한 번 이상 사용해야 해요.

1) V-(으)ㄴ 덕분에, N덕분에

2) V/A-(으)ㄹ 따름이다

3) V/A-(으)ㄴ 탓에

새 메일	⎯ ↗ ✕
제목	
보내는 사람	
제목	

글을 완성한 후에 친구들과 바꿔 읽어 보세요.

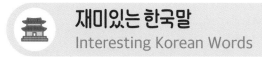

말 한마디에 천냥 빚을 갚는다

미현 : 친구가 화가 많이 났는데, 진심으로 사과하니까 용서해 줬어요.

정희 : 말 한마디에 천냥 빚을 갚았네요. 잘했어요.

? '말 한마디에 천냥 빚을 갚는다'가 뭐예요?

'한마디'는 '짧은 말', '빚'은 '빌린 돈'과 같은 말입니다. 돈을 빌렸으면 다시 갚아야 하는 것이 규칙이지만, 말을 잘 하면 돈을 되돌려 주지 않아도 갚은 것으로 처리됨을 의미합니다. 사람들과 말을 할 때 좋은 말을 하면 사람들의 기분 좋게 만들 수 있고, 나쁜 말을 하면 손해를 볼 수 있으므로 평소에 좋은 말을 해야 합니다.

? '천냥'이 뭐예요?

500년 전에 한국에서 사용하던 돈의 단위입니다. 지금은 '원'을 사용하지만, 옛날에는 '냥'이었습니다. 과거의 '1,000냥'은 현재의 7,000만 원과 비슷하다고 합니다. 말만 잘 했는데 7,000만 원을 갚지 않아도 된다고 하니까 앞으로도 좋은 말만 해야 하겠지요?

<친구와 이야기해 보세요.>

? 친구의 사과를 듣고 용서해 준 적이 있습니까? 친구가 어떻게 사과했습니까?

? 여러분 고향에도 '말 한마디에 천냥 빚을 갚는다'와 비슷한 말이 있습니까?

MEMO

저자정보 ✎

정영교 세종대학교 국어국문학과 강사
장현묵 세종대학교 국어국문학과 초빙교수
신은옥 세종대학교 국어국문학과 강사

한국의 언어와 문화(기본편)

초판발행	2025년 2월 25일
지은이	정영교·장현묵·신은옥
펴낸이	안종만·안상준
편 집	소다인
기획/마케팅	박부하
표지디자인	BEN STORY
제 작	고철민·김원표
펴낸곳	(주) 박영사
	서울특별시 금천구 가산디지털2로 53, 210호(가산동, 한라시그마밸리)
	등록 1959. 3. 11. 제300-1959-1호(倫)
전 화	02)733-6771
f a x	02)736-4818
e-mail	pys@pybook.co.kr
homepage	www.pybook.co.kr
ISBN	979-11-303-2187-5 03710

정 가   24,000원

어휘 노트

1장

계획

고향

교환학생

구경하다

규칙

끝내다

느리다

다시

다이어트

담배

돌아가다

듣기

떨어지다

면접

버리다

버킷리스트

복습하다

사귀다

사이트

설거지

스터디

시험을 보다

쓰레기

아직

알리다

열심히

운전면허

운전하다

이곳저곳

이번

이후

읽기

장학금

전공

전공수업

전공하다

정보

정장

제출하다

지원하다

어휘 노트

1장

참석하다

처음

촬영지

축제

케이팝

키우다

피곤하다

피우다

할 일

합격하다

헬스장

어휘 노트

2장

가깝다

갈아입다

고개를 돌리다

공포 영화

귀엽다

그릇

까맣다

깔끔하다

끊다

나이

놓다

동시

동영상

들다

먼저

멀다

모르다

배부르다

벌레

벌써

부딪치다

빨갛다

사과하다

사용하다

성능

식탁

실수하다

싸우다

아랫사람

아메리카노

아이

예절

원룸

윗사람

유행하다

잡다

저렴하다

졸업하다

지나다

쩝쩝

어휘 노트

2장

편안하다

학과

학생회관

회의하다

후루룩

어휘 노트

3장

가장	비율
감자	사먹다
갚다	삶다
걱정	색깔
경복궁	생선
교재	생필품
굽다	생활비
내다	식재료
노래방	싱싱하다
대중교통	얼굴
돕다	오래
디자인	외출하다
막히다	요금
매우	유학
목걸이	전공책
무섭다	전기
문자 메시지	켜다
바쁘다	편하다
반지	포스터
빌리다	품목

어휘 노트

3장

필요하다

학용품

홈페이지

환승하다

PC방

어휘 노트

4장

AS센터

가짜

감다

갑자기

걸다

고르다

고장나다

공사하다

꽂다

끈

남다

내리다

누르다

눕다

도둑

돌아가시다

동아리방

매진되다

못

묻다

물다

바꾸다

박다

밟다

부족하다

불편하다

뺏다

삽

섞다

스티커

시험 기간

안개

안다

알람

옆집

오래되다

와이파이

이용 시간

입원하다

자격증

어휘 노트

4장

자꾸

자리

잠그다

적다

전등

전통

주문하다

주인

짓다

짜증이 나다

찌다

찢다

천장

충전기

취직하다

커피 머신

키오스크

풀다

훔치다

어휘 노트

5장

가능하다

공휴일

교훈

기간

기억에 남다

답장

드리다

때문에

모기

벌금

불가능

빠지다

사이

상담

시간이 되다

시간표

시끄럽다

신청하다

아끼다

안내하다

예정

용돈

우수하다

일정

일정표

잊다

전염되다

정해지다

조교님

조심하다

주의하다

참석

특강

행사

어휘 노트

6장

가입하다

감귤

감자떡

강원도

경험

계곡

고민이다

골목

꼽히다

꾸준히

남쪽

노력하다

단풍

당연하다

대표적

돌하르방

동쪽

둘레길

따라 걷다

막국수

비타민 C

뽑히다

살리다

상점

설악산

성공하다

숲길

신혼부부

아늑하다

위치하다

이끌다

이루다

작가

전통 가옥

조금씩

좁다

지역

지키다

최선을 다하다

특산물

어휘 노트

6장

편의

프로젝트

한라산

현대

호이안

환자

휴식하다

어휘 노트

7장

경제학과

관련

관심

급하다

꼭

놓치다

늘리다

다름이 아니라

담배를 피우다

문의

미래

복권

당첨금

사정

생기다

서두르다

세계 여행

수강 여석

쏟다

어린 시절

이해하다

재학

적극적

전자책

종이책

차츰

참여하다

필기시험

허락하다

흐리다

어휘 노트

8장

강하다

결국

결심하다

골고루

규칙적

기회

긴장이 풀리다

끊임없이

도전하다

몸무게

몸살이 나다

무리하다

밤을 새다

봉사 활동

성실하다

습관

시간이 들다

쓰러지다

아무것

어리다

연구하다

오랫동안

자리를 잡다

줄다

중독되다

충분히

틈

평소

푹

피부

핑계

학업 성적

회복되다

어휘 노트

9장

고민하다

과정

국어국문학과

금방

기분 전환

기억하다

김치찌개

깜박

꺼지다

날아가다

남기다

녹다

다행히

두다

떡볶이

모자

문서

바닥

바람

발견하다

보관하다

분실물

불다

서랍

성격

세우다

속상하다

손님

신고내용

신고하다

심심하다

연락처

올리다

자르다

작성하다

졸다

주차장

줍다

지우다

파일

어휘 노트

10장

거짓말

경쟁하다

고치다

관련되다

국물 음식

그리다

그림

기본

꿈

나누다

느끼다

단순히

단어

땀

마감일

마치

목표

발표

밤낮

밥상

부식

사고방식

살펴보다

생각

세상

슬라이드

신기하다

심각하다

아까

안부

알아보다

야구

외우다

이상

이열치열

자세히

조사하다

주식

주제

중요하다

어휘 노트

10장

지금까지 그래오다

진행되다

춤추다

취직

통하다

표현

향상시키다

환경문제

흐르다

어휘 노트

11장

갑작스럽다

개인 사정

결제

결항

고장

구체적

그만두다

꽉 막히다

동아리실

동아리원

링크

변경

보강

뵙다

불편을 드리다

비밀번호

상태

설치되다

수리

실패

액세스 코드

여부

연결

연기

예산

오류

오해

일시

접속하다

정상적

정전

제출 기한

조원

주차

준비하다

중단

진행하다

집중하다

참고

참고하다

어휘 노트

11장

추천하다

추후

태풍

확인하다

휴강

어휘 노트

12장

작년

가르침

격려

결정을 내리다

교대 시간

길거리

길을 헤매다

낯설다

내성적

대하다

마음을 전하다

망설이다

망치다

사망하다

새벽

스승의 날

실수

안타깝다

열정적

완벽하다

유지하다

(기념일)을 맞다

일가족

제시간

진심

체하다

포기하다